Om tyranniet oroar dig

– sex råd till dig som vill hejda rasister, troll och rysk statspropaganda från att förstöra den liberala demokratin

Björn Sundin

FSC
www.fsc.org
MIX
Papper från ansvarsfulla källor
Paper from responsible sources
FSC® C105338

Tidigare utgivet av Björn Sundin:

”Samhällsbygge pågår - en personlig handbok i att förändra kommunen (och världen)”, Hjalmarson & Högberg, 2017

”När alla blev experter - ”Hur svårt kan det vara”-samhället och civilisationens undergång”, Vulkan, 2021

Läs mer på www.bjornsundin.se

Fotograf, omslagsporträtt: Elin Lawergren

Förlag: BoD – Books on Demand, Stockholm, Sverige

Tryck: BoD – Books on Demand, Norderstedt, Tyskland

ISBN: 978-91-7699-234-0

INNEHÅLL

Om tyranniet oroar dig är det allvar nu 7

Råd 1: Var inte så förbannat naiv 14

Råd 2: Debattera rätt sak 23

Råd 3: Slösa inte tid på idioter 32

Råd 4: Lär dig räkna 38

Råd 5: Engagera dig lagom mycket 40

Råd 6: Dela med dig av det goda (och engagera dig!) 45

Tips på ytterligare läsning 51

Sex råd till dig som oroas av tyranniet (repetition): 53

Noter 55

Litteraturlista 71

OM TYRANNIET OROAR DIG ÄR DET ALLVAR NU

Årtionden senare är det lätt att tycka att dåtiden borde sett att tyranniet marscherade upp: hur kunde de tro på 'fred i vår tid'?.

Om du inte oroas över utvecklingen för demokratin i världen kanske det här inte är en bok för dig. Syftet med boken är att ge dig råd så att vi kan hjälpas åt att rädda civilisationen och den liberala demokratin från undergång.

Precis så allvarligt är det.

Fem skeenden visar varför det är rimligt att säga att det är allvar nu:

- Ryssland påverkar val och folkomröstningar runtom i världen[1] (USA 2016 och Brexit-omröstningen är de mest kända) och den kinesiska diktaturen använder persondata och ny teknik för att kartlägga och påverka både sin befolkning och andra. Rysslands brutala angreppskrig mot Ukraina visar än mer vikten av att vi enas mot tyranniet.[2]
- Donald Trumps seger i presidentvalet i USA 2016 och det inflytande han har i det amerikanska samhället hotar det amerikanska statsskicket. Läs gärna Timothy Snyders bok "Om Tyranni" för en engagerande beskrivning.
- Framgångarna för Victor Orbán i Ungern och för partiet "Lag och rättvisa" i Polen har lett till en avveckling av den liberala demokratin i dessa länder (läs mer i Martin Gelin och Erik Åsards bok "Hotet mot demokratin").[3]
- Sverigedemokraternas framgångar i Sverige har normaliserat rasism, främlingsfientlighet och högerextrema åsikter i den svenska

debatten och bidragit till ett debattklimat som lägger grunden för våldsdåd.

- Tyranniets stödtrupper påverkar oss systematiskt genom sociala medier och sociala medier underlättar och uppmuntrar detta.[4] (Läs mer i Martin Gelin och Karin Petterssons bok "Internet är trasigt".)

En första upplaga av denna bok spreds som e-bok inför valet 2022 och efter det har läget i Sverige förvärrats: SD har avgörande påverkan på den svenska regeringen och runtom i Sverige ingår det tidigare nazistiska partiet i såväl kommunledningar som regionledningar.

De som trodde att Sverigedemokraterna skulle mildra sin propaganda om de fick vara med och ta ansvar har fått fel. SD är tydligare än någonsin med sina rasistiska teorier om "folkutbyte" och de visar tydligt att de motarbetar fria medier, förutom den hets- och hatpropaganda som de sedan tidigare använt.

Och egentligen borde ingen bli förvånad. 2016 skrev SDs partisekreterare Richard Jomshof i ett intern inlägg: *"Eftersom Sverige inte är Ungern, eftersom vi inte sitter i regeringsställning (än), och eftersom media i Sverige inte fungerar som media i Ungern, är vi tvungna att anpassa oss efter den verklighet som råder här."*[5].

När historikern och författaren Timothy Snyder skrev sin bok "Om Tyranni" 2017 var det som en reaktion mot det som hänt efter presidentvalet i USA 2016: hur Donald Trump konsekvent ljög, skapade konflikt och systematiskt motarbetade USAs statsskick.

Snyder argumenterade för hur farlig utvecklingen var: att det var viktigt att se mönstret i det som skedde. Han räknade upp tjugo lärdomar som vi borde lärt. Att historien visar oss vad som händer om man låter tyranniet sprida sig och hur tyranniet kännetecknas. Han beskriver att mänskligheten (uppenbarligen) inte är klokare idag än när fascismen, nazismen och kommunismen segrade – och att allt detta är på väg att hända igen. Några år efter att Snyder skrev boken fick han mer rätt än någon kunnat ana: i januari 2021 uppmanade Donald Trump sina anhängare att i praktiken genomföra en statskupp till stöd för den bortröstade presidenten.

Timothy Snyders bok blev en väckarklocka för många och skapade engagemang och vilja att engagera sig mot tyranniets hot både i Sverige och i andra länder. Men det blev också tydligt att väldigt många gick vilse i arbetet mot tyranniet, en hel del av det som gjordes (och görs) är inte effektivt om man vill minska trollens påverkan i sociala medier, den ryska statspropagandan eller hindra Sverigedemokraterna från att undergräva svensk demokrati.

I min bok "När alla blev experter" (2021) beskriver jag hur vår uråldriga hjärna får oss att agera orimligt, förhastat och reflexmässigt när vi har att hantera utmaningar i det moderna samhället: sociala medier, reklambudskap, sömnbrist och annat. För den som vill förstå mer om hur det går till när skickliga kampanjmakare får stora delar av en befolkning att rösta mot sina intressen och åsikter rekommenderas den boken (eller de böcker jag utgått från när jag skrev den boken, se lästips på närallablevexperter.se).

Även om jag redovisar källor och tips på ytterligare läsning (i slutet av boken) så är det inte förklaringarna som står i fokus i denna bok: här försöker jag ge råd om hur du kan välja att agera på ett sätt som minskar risken att bli lurad. Det är självklart inte lätt: inte heller jag följer alltid de råd jag ger. Jag går i fällan gång på gång, överreagerar och sprider kommentarer på ett sätt som förmodligen gläder mörka krafter som vill vår demokrati illa. Men jag försöker bli bättre på det, och det kan du också bli.

Jag använder begreppet liberal demokrati som sammanfattning av vilka värden som är hotade. Det är inte självklart vilka termer man ska använda men begreppet demokrati räcker inte, eftersom mycket av tyranniets framgångar sker genom demokratiska val. Dessutom hävdar i stort sett alla länder att de är demokratier.

Såväl Polen och Ungern som USA definieras som ”flawed democracy” (”demokrati med brister”) i det ”demokrati-index” som The Economist publicerar[6]. Och även om demokratin inte är avskaffad i något av dessa länder, går det definitivt att argumentera för att den liberala demokratin är hotad i såväl dessa som i en lång rad andra länder som enligt konstitutionen är demokratier.

När jag skriver liberal demokrati utgår jag ifrån ett styrelseskick där folkvalda väljs i fria val och där det finns grundlagar eller liknande som reglerar såväl individens fri- och rättigheter som minoriteters rättigheter. Liberal i detta sammanhang handlar inte om partisympatier eller ideologi utan om synen på rättssäkerhet, likhet inför lagen samt tolerans och pluralism. Personligen citerar jag gärna socialdemokratiska tänkare som i historien sagt: ”i varje god socialdemokrat bor en god liberal”.

Jag utgår från att en liberal demokrati inte särbehandlar människor utifrån var deras föräldrar är födda, utifrån vilken religion de har eller utifrån etnicitet. Varje parti eller rörelse som exempelvis vill utvisa svenska medborgare på grund av deras föräldrars medborgarskap, som vill begränsa medias självständighet eller som i grunden vill förändra det svenska statsskicket anser jag vara motståndare till den liberala demokratin.

Du må göra en annan definition, men jag tror att vi kan enas i en grundläggande oro för att det öppna, toleranta och fria samhället faktiskt hotas av såväl aktörer i Sverige som statspropaganda från andra länder.

2018 fick SDs partiledare Jimmie Åkesson frågan om vem han föredrog av Angela Merkel (då tysk förbundskansler) och Ungerns folkvalde tyrann Viktor Orbán, och han föredrog Orbán eftersom han är ”konservativ och står upp mot EU-federalismen”. Det finns en lång rad exempel på ledande SD-företrädare som både argumenterar mot den liberala demokratins värden och uttrycker hot mot yttrandefriheten. Jag citerade tidigare SDs partisekreterare

Richard Jomshof som konstaterade att SD anpassar sig *"eftersom Sverige inte är Ungern"*.

Sverigedemokraterna och andra högerextrema i Sverige har stöd från såväl ryska statsintressen som från högerextrema i andra länder; syftet är att göra den svenska demokratin mindre stabil och gynna exempelvis ryska maktambitioner.[7]

Den kinesiska staten är inte lika synlig och öppen i sina försök att påverka västvärlden, men det finns ett antal exempel från senare år på hur även den diktaturen försöker öka sin makt i världen med hjälp av propaganda och tekniska innovationer.

Om vi naivt fortsätter hjälpa rysk och kinesisk statspropaganda att spridas så kommer extremisterna fortsätta frodas. Alltså är det allvar.

Många tror att politiska val avgörs av genomtänkta värderingar eller sakliga bedömningar av för- och nackdelar. Det är inte mycket som tyder på att det är så det går till; istället är det känslomässigt baserade attityder som tenderar avgöra vad vi röstar på. Eller om vi inte röstar.

Den amerikanske psykologiprofessorn Drew Westen genomförde en avslöjande studie i USA 2004. Med hjälp av magnetkamera följde han och hans kollegor vad som hände när personer som såg sig själva som demokrater respektive republikaner nåddes av budskap från vad de trodde var deras kandidat respektive motståndaren. Citat visades med porträtt på den som påstods ha sagt påståendet: men citaten blandades och visades tillsammans med olika bilder - inklusive neutrala kändisar.

Det som hände var att personen när den såg sin kandidat tenderade gilla budskapet, när det visades tillsammans med motståndarens ansikte ogillade den samma budskap. Hjärnkameran visade att det inte spelade någon större roll vad kandidaten påstods ha sagt: hjärnan drog en omedelbar slutsats baserat på partiidentiteten. Partiidentiteten var viktigare än vilket budskap kandidaten påstods ha framfört: slutsatsen drogs automatiskt utan att det rationella resonerandet blandades in.

Än värre var att hjärnan belönade beteendet med positiv förstärkning. Drew Westen beskriver det så här:

"Den partilojala hjärnan var inte nöjd med att bara må bättre. Den jobbade hårt för att må verkligt bra, och aktiverade belöningsystem som gav de övertygade en dos positiv förstärkning för deras snedvridna resonemang. Dessa belöningssystem överensstämmer i huvudsak med de som aktiveras när en drogberoende får sin 'fix', vilket ger en helt ny mening till begreppet 'political junkie'."[8]

Det amerikanska systemet är annorlunda jämfört med exempelvis det svenska: det finns (i praktiken) bara två presidentkandidater och befolkningen har en tydlig identitet i sitt partival. I ett sådant system behöver du därför inte med nödvändighet vara så framgångsrik i din argumentation för den egna politiken: så länge du kan skrämma bort (eller hindra) motståndarna från valurnorna. Det kom att visa sig väldigt tydligt i presidentvalet 2016.

I presidentvalet i USA 2016 utsattes miljoner amerikaner för annonsering på Facebook som utgick från deras personlighet, deras attityder och deras egen identifikation i en rad frågor.[9] Annonserna anpassades efter individen och baserades på generella slutsatser som kunde antas spela roll för individer i en viss grupp. Genom Facebooks algoritmer valdes strategiska grupper ut och Trump-kampanjen satsade stora pengar på att minska valdeltagandet bland särskilt svarta väljare, "Bernie-supportrar" och unga kvinnor (exempelvis genom "Project Alamo"). Det finns gott om forskning, reportage och statliga utredningar om hur det gick till när Donald Trump vann valet trots att Hillary Clinton hade större stöd och fick flera miljoner fler röster.[10]

Den individanpassade annonseringen i exempelvis sociala medier kan påverka beteenden effektivt. Därför är sådan annonsering inte jämförbar med de historiska exempel som brukar lyftas fram som exempel på propaganda som inte fungerar. Att annonsörer kan rikta sig till dig som individ på den plats du är för tillfället (och till och med göra rimliga antaganden om hur du mår), genom en kanal som du tittar på flera timmar per dag är en önskedröm för dem som vill påverka dig.[11]

Det finns fler exempel än det amerikanska presidentvalet 2016 som visar på hur kraftfull annonsering och påverkan blir när kunskapen om attityder, personlighet[12] och beteendeförändring används tillsammans med modern teknik och sociala medier. Sociala medier är inte nödvändigtvis farliga i sig själva, men de har skapat verktyg för tyranniets trupper som förändrar världen.

Om någon skulle säga att den här boken är aktivist-handledningen till Timothy Snyders bok ”Om tyranni” skulle jag bli överlycklig, men även om jag lånat ur Snyders titel så har den här boken inget med Timothy Snyder att göra. Men självklart ska du läsa ”Om tyranni”!

Att jag till slut samlade mig till att skriva klart denna bok kan jag tacka vännen Linnea för; jag lovade henne att skriva mer om vad man kan göra för att motverka extremism, rasism och hat.

Jag hoppas att boken kan leda till att någon blir mer effektiv i sitt sätt att bemöta anti-demokraterna. För i dessa dagar behöver vi var och en som tar kampen mot tyranniet. Oavsett hur tyranniet klätt sig för dagen.

RÅD 1: VAR INTE SÅ FÖRBANNAT NAIV

Vi tar det jobbigaste först: du är inte heller rationell, logisk och objektiv.

Människor formas av sina erfarenheter, uppfattningar, medfödda personlighetsdrag[13] och mycket annat. Men oavsett avvikelserna mellan individer så fungerar vår hjärna på samma sätt: hjärnan är inte gjord för att resonera lugnt och sansat. Hjärnan är gjord för att snabbt värdera en situation och fly eller slåss om det skulle behövas.

Du måste alltså bestämma dig för att inte reagera med ryggmärgen, att tänka långsamt istället för att följa ”magkänslan”. Och du måste förstå att andra fungerar på precis samma sätt. Det är alltså fullt möjligt att göra det som är rätt även när det tar emot, men det kräver oftast att du inte agerar på den första reflexen.

Om du tror att samhället blir bättre om vi är öppna för nya idéer, välkomnar det som är ”annorlunda” och att vi ständigt strävar efter förbättring måste du bli bättre på att inte motverka detta i ditt eget agerande. Vill du bidra till att rädda den liberala demokratin, yttrandefriheten och toleransen måste du först inse att logiska, objektiva och sakliga argument bara fungerar när båda parter är inställda på att komma framåt. Om den ena redan är säker på sin sak och inte vill lyssna kommer ingen utveckling att ske och inget samtal blir bra med den utgångspunkten: oavsett om det är du eller motparten som är ointresserad av att lyssna.[14]

Att försöka ”vinna” en debatt i sociala medier är meningslöst om du vill uppnå något. Och det är direkt kontraproduktivt i de allra flesta fall.

Vi ska återkomma till det.

Vi behöver inledningsvis slå fast tre uppenbarligen inte helt självklara saker - som verkar så enkla:

1. **Tankeläsning fungerar inte.** Att du tänker något påverkar alltså inte någon annan, och tvärtom. Du kan inte veta vad någon annan tänker eller menar, med mindre än att du frågar. ”Det vet jag väl”, tänker du; men agerar du verkligen så? Fundera på hur ofta du tänkt ”det måste han ju ha förstått” eller ”det fattar väl alla”.

2. **Fakta, information och kunskap är inte luftburet.** Det krävs att man på något sätt tar del av fakta eller information för att denna ska ha en möjlighet att påverka en. Att tro att ”alla vet väl hur det är” leder dig till ständiga misstag, liksom att tro att det du läst i tidningen är allmänt känt.

3. **Du är inte som andra (och andra är inte som du).** Alltså är det inte säkert att andra uppfattar fakta och information på samma sätt som du. Det är verkligen inte säkert att de ”tycker rätt” bara för att du presenterat relevant information för dem. Dessutom kommer du utgå från ditt sammanhang och hitta goda förklaringar till det du gör: när det gäller andra agerar du precis på motsatt sätt. Vi tenderar nämligen att utgå från att andra ”är” på ett visst sätt på grund av hur de agerar – när det gäller oss själva har vi alltid en förklaring till alla konstiga saker vi gör.[15] Detta gäller även ”vår grupp”, jämfört med ”dom där”.[16] Du kan ju till exempel fundera på varför andra så ofta har konstig ordning i sina kökslådor och sina skåp; för din ordning är ju självklart genomtänkt och noggrant planerad…

Vi gör ett verkligt dubbelfel: å ena sidan tenderar vi tro att vi inte gör samma tankefel som andra, å andra sidan tenderar vi tro att andra tänker precis som vi och ser världen som vi gör. I verkligheten är det i allmänhet tvärtom: vi är överlag precis som alla andra när vi snedvrider fakta, tolkar saker fel och drar förhastade slutsatser, men vi ser nästan aldrig exakt samma saker som andra.

Kom ihåg detta både i den fortsatta läsningen och när du reagerar på något.

Och som den legendariske Expressen-journalisten Sigge Ågren konstaterade: *"Underskatta aldrig läsarnas intelligens. Överskatta aldrig deras kunskaper."* Att någon inte förstår offside-regeln i fotboll, hur en bofink låter eller hur riksdagen utser utskottens ledamöter är inte tecken på låg intelligens. Sådant handlar om kunskap (och intresse), intelligensen avgör dock hur mycket sådan kunskap du kan komma ihåg, sätta in i ett sammanhang och använda – men det är en annan historia.[17]

Jag inser att några personer som läser den här boken kommer att bli upprörda över "förenkling" och påståenden om att man inte alltid ska ha så hög tilltro till människors förmåga att ta till sig sakliga argument. Och jag kan sympatisera med liknande invändningar.

Det vore verkligen fasansfullt att tänka sig att progressiva krafter ger upp de rationella argumenten och slutar tilltro människan det bästa. Men det är ett gigantiskt misstag att inte vara medveten om att rationella argument och medvetna tankar inte alltid fungerar. Vi ska självklart fortsätta utgå från att människan vill väl och är rationell, men vi ska vara medvetna om att ingen människa alltid agerar gott och att ingen människa är rationell i alla situationer.

Man är naiv om man tror att rationella argument och fakta räcker för att ändra åsikter, men man är hjärtlös om man inte strävar efter att använda rationella argument och fakta för att övertyga.

Om vi ska lyckas rädda den liberala demokratin krävs mindre av högstämda högtidstal och mer av daglig förändring. För förändring krävs insikt.

Du kan välja att deklarera dina åsikter utan att bry dig om hur det påverkar samhället, lite som att hålla timslånga föredrag på "Speakers Corner" i London. Det är ditt val om du är nöjd med att ha tyckt, sagt och gjort "rätt" så att ditt samvete är rent när du dör. Men vill du bidra till att rädda humanism, liberal demokrati och motverka hat och hets så måste ditt agerande utgå från vad som fungerar - hellre än vad som ”känns rätt”.

Du må tycka att det borde räcka med att säga dina goda argument med hög och tydlig röst, men jag hoppas att du inte är så inskränkt att du på riktigt tror att det räcker. Du måste helt enkelt sluta vara så jävla naiv.

Det finns dessvärre oändligt många exempel på naiva tyckare som antingen inte bryr sig om effekterna av sitt tyckande eller är så naiva att de inte fattar sin egen roll.

I många fall handlar det om att dessa personer inte förstår att man måste välja ut en enda kulle som man är beredd att utkämpa den sista striden på: det går inte att säga att man ska ge sitt liv i alla sammanhang. Du måste alltid välja den fråga som är mest värd att strida för.

Om du tycker att det är viktigt att få fler att upptäcka att det finns nazister i Ukraina samtidigt som landet invaderats av Ryssland får du acceptera att andra kommer avfärda din förmåga att prioritera. Om du exempelvis ägnat år åt att bygga upp en följarskara på Twitter som tycker att dina historiska referenser och samhälleliga analyser tillför debatten något lär det raseras snabbt när du bestämmer dig för att lägga kraften på att övertyga andra om att det finns nazister i Ukrainas armé. Man må tycka att man ska kunna ha två frågor i huvudet samtidigt, men det är inte fullt så enkelt.

Fråga bara Sveriges tidigare statsminister Fredrik Reinfeldt.

Idag minns alla hur ”öppna era hjärtan”-talet i augusti 2014 var ett ställningstagande för mångfald och invandring. Och det var det. Men det var också ett exempel på hur farligt det är när naivt världsförbättrande kombineras med cyniskt maktspel. Talet tog tydlig ställning för liberala värden om fri rörlighet, nya tankar och innehöll en vädjan till svenskarna om att välkomna invandrare till vårt land. Så här sa Fredrik Reinfeldt i den mest citerade passagen:

"Jag vill påminna er om att vi är en nation som har stått upp och varit öppna förr i tider då människor har utstått svår prövning. Vi har nu människor som flyr i antal som liknar det vi hade under Balkankrisen i början av 1990-talet. Nu vädjar jag till svenska folket om tålamod, om att öppna era hjärtan för att se människor i stark stress med hot mot det egna livet som flyr, flyr mot Europa, flyr mot frihet, flyr mot bättre förhållanden."

Men talet innehöll också en tydlig nyliberal strategi: att minska omfattningen på välfärden för att möjliggöra och underlätta flyktingmottagande. Den största nyheten i talet, där och då, var att reformutrymmet i statsbudgeten skulle minskas kraftigt - framförallt för att bekosta välfärden. Den motsättning som ställdes upp i talet (välfärd mot flyktingmottagande) bevisade det som SD påstått i alla år: att flyktingarna äter upp den svenska välfärden. Det är en av flera förklaringar till att SD fick ett jätteuppsving i valet en månad senare, då ungefär en tredjedel av SDs väljare var före detta moderatväljare.[18]

För samtidigt som några M-strateger sannolikt såg talet och markeringen som ett sätt att slippa dyra vallöften och få väljare att lämna Socialdemokraterna (även om dessa väljare skulle gå till SD) så fanns säkerligen en helt ärlig – men naiv - ambition hos andra om att verkligen vädja till människors bästa sida: Att människor tack vare kloka argument och humanistiska principer skulle välja Moderaterna och stå upp till försvar för flyktingmottagande. Det gick sådär.

Moderaterna gjorde ett sämre val, SD gick kraftigt framåt, Socialdemokraterna bildade regering, Fredrik Reinfeldt avgick och ett år senare stod Sverige och resten av Europa (liksom övriga delar av världen) inför massiva flyktingströmmar. 1,3 miljoner människor sökte asyl i EU under 2015.

Medan vi tidigare sett hur de flesta av världens miljoner flyktingar stannat i sina närområden och lidit i vidriga flyktingläger kom flyktingarna nu från länder närmare Europa, på flykt från vidriga mördare som alla kunde förenas i avsky mot (Daesh/IS).

Under 2015 tog Sverige emot över 70 000 flyktingar, jämfört med ett "vanligt år" då siffran är 15-30 000. Att detta ställdes mot kostnaderna och ambitionerna för välfärden blev inte bara en önskedröm för SD utan även för de liberala politiker som ville minska välfärdens omfattning, och nu kunde försvara flyktingmottagandet samtidigt som de argumenterade för avskalade trygghetssystem och mindre omfattning på välfärden. Så nog blev Fredrik Reinfeldts sommartal 2014 en betydelsefull händelse.[19]

Det finns – dessvärre – mängder av liknande exempel på hur människor som vill göra världen bättre agerar så naivt att de istället bidrar till motsatsen till det de vill uppnå.[20]

Nedanstående utgångspunkter är avgörande, oavsett vad du tycker om dem. Du kan tro att du vet bättre, men punkterna nedan utgår från forskning och etablerad kunskap. Om du vill avfärda det är det ditt val, men det innebär också att dina insatser och ditt agerande kommer göra noll och ingen skillnad i kampen för att rädda demokratin. Kanske kommer du rentav bidra till det du vill motverka. Det är ditt val.

Följande är inte tyckande, utan fakta:

1. Hjärnan beter sig vare sig sakligt eller objektivt; alltså gör inte du heller alltid det.

2. Algoritmer, skygglappar och fördomar är på riktigt och styr oftast vad du ser och uppfattar.[21]

3. Sociala medier uppmuntrar engagemang och även om det är en fin utgångspunkt att bemöta alla dumma argument så innebär de flesta av dina ansträngningar att du ger dumheten snabbare ben, så den når fler. Reaktioner, delningar och spridning ökar förutsättningarna för att fler påverkas även om du försöker skriva någon bitsk kommentar samtidigt som du delar inlägget. Är inlägget du ser orimligt provokativt är det förmodligen meningen att du ska bli arg – alltså bör du då inte sprida det ytterligare.

Så. Bli arg, reagera, engagera dig. Men var inte så jävla naiv. Naiva liberaler och godtrogna humanister må dö övertygade om att de alltid hade rätt, men de kommer aldrig rädda den liberala demokratin. Ska vi rädda den liberala demokratin behöver vi använda hjärnan och vara smarta. Vi bör åtminstone försöka vara lika smarta som dem som försöker avskaffa frihet, öppenhet och tolerans.

Källkritik lyfts ofta fram som motmedlet mot fake news, fördumning och trollbeteende, och självklart är det viktigt att du är källkritisk. Varje gång du läser en artikel, ett inlägg eller hör någon säga något bör du påminna dig själv om den avgörande frågan: ”vad är syftet med detta”? ”Cui bono” sa romarna.[22] Källkritik är viktigt: att ta reda på om källan är trovärdig är avgörande, men det räcker inte. Din kompis är i allmänhet trovärdig, men även din kompis kan ha missförstått något eller blivit lurad av en felaktig uppgift. Så viktigare än att fråga efter källan är att fundera på vad syftet är med den uppgift eller det påstående som sprids: vem gagnas av detta?

Som regel är det klokt att utgå från att exempelvis den ryska statsledningen, högerextremistiska propagandister eller amerikanska presidenter anklagade för att ha anstiftat en statskupp, har ett genomtänkt syfte med det de säger. Att utgå från att de som har märkliga åsikter är dumma i huvudet och gör stora felbedömningar i sin kommunikation är ett farligt misstag.

Låt oss ta ett exempel som cirkulerade i såväl nyhetsmedia som i sociala medier för några år sedan.

I mars 2020 dök det upp delningsbilder runtom i landet som visade SD-politiker som poserade med armarna i kors över texten ”Håll gränsen, XX är fullt”. Dessa bilder dök upp från kommuner runt om i Sverige och när de kom från kommuner som Tingsryd och Tranås och visade SD-politiker som poserade på ett fält eller i en skog så var det många som delade denna bild vidare med en hånfull text på temat: ”som om Tranås är fullt…”.

Detta skedde samtidigt som SDs partiledare Jimmy Åkesson bjudit med sig media ner till gränsen mellan Grekland och Turkiet där han delade ut flygblad som berättade att flyktingarna inte borde söka sig till Sverige eftersom ”Sverige är fullt”. Även detta hånades av människor som vill att Sverige ska ha en humanistisk flyktingpolitik och hjälpa människor som är i nöd: ”Vi har massor av plats i Sverige, alla är välkomna – vi har råd!”.[23]

Självklart uppmärksammades såväl flygbladsutdelningen som delningsbilderna i media och bilderna spreds över hela landet. Vi som har ”hjärtat på rätta stället” blev arga över cynismen och människoföraktet som SD visade och någon extra godhjärtad person fick lite mer uppmärksamhet genom att polisanmäla kampanjen (lite oklar juridisk grund, men sånt spelar inte så stor roll: en polisanmälan ger bra rubriker).

Så låt oss ställa frågan: Vad var syftet med denna kampanj? Vem tjänade på den? Trodde SD att flyktingarna vid den grekisk-turkiska gränsen skulle se inläggen på Facebook eller Twitter där SD-politiker sa att Tranås var fullt? Trodde SD-politikerna att det inte fanns plats att bygga några fler hus i Tranås eller Tingsryd? Trodde SD att flyktingströmmarna till Sverige skulle minska på grund av flygblad i flyktingläger?

Vad tror du?

Tror du att fler eller färre såg SDs kampanjbilder på grund av arga kommentarer och vidaredelning från politiska motståndare? Finns något som tyder på att SDs väljare faktiskt tror att landet – objektivt sett - är fullt? För om det egentligen inte handlar om huruvida ”landet är fullt” så kanske fakta-argument mot påståendet inte gör så mycket nytta? I alla fall inte i den riktning du vill.

Det kan ju tänkas att SDs väljare har andra skäl än just att det inte finns plats för fler hus i Tranås. Det kan vara så att SDs nära 20 procent av rösterna beror på annat; kanske finns det SD-väljare som tycker att ”eliten” är hånfull mot vanligt folk? Kanske kan det rentav vara så att några fler stärktes i sitt stöd för SD när de såg hur ”eliten” hånade politiker som ville värna sin hembygd mot ”utländska hot”?

Min gissning är att SD riktade sig till människor som mycket väl vet att det får plats fler hus i både Tranås och Tingsryd, men att de inte tycker att det är positivt med fler flyktingar i dessa kommuner –

oavsett om det är ”fullt” eller inte. Min gissning är att SDs målgrupp tänkte ungefär så här: ”det är klart jag förstår att Tranås inte är fullt och inte lär det väl göra någon skillnad om Åkesson åker till flyktingläger med flygblad: men han och hans parti verkar förstå att jag och mina vänner är oroliga för det som händer i landet och eliten hånar den oron. SD verkar vara mitt parti.”[24]

Här är det på sin plats med några ord om det som kallas kognitiv dissonans. För den är ett problem både för dig och för SDs väljare. Kognitiv dissonans kallas det när vi ändrar attityder, åsikter, handlingar eller förklaringar så att vi slipper erkänna att två saker krockar. Vi har hört talas om räven i Aisopos fabel som när han inte når rönnbären konstaterar att de är sura, han vill inte ha dem i alla fall. Problemet är att vi alla, till vardags, beter oss precis som räven. Oftast gör vi det helt omedvetet, det är helt enkelt hjärnans sätt att rädda oss från obehag: det är obehagligt att tvingas omvärdera världsbild eller ändra åsikt. Därför tenderar vi alla att uppfatta fakta, nyheter och annat som bekräftar det vi redan anser att vi vet.[25]

Vi bör utgå från att SD visste att en bild på en politiker på en åker skulle hånas och att det var hela syftet, liksom att flygbladen i flyktinglägren inte håller flyktingar borta från Sverige. Vi bör nog utgå från att SD förstod att hälsningen från ”svenska folket” till flyktingarna (och ”eliten”) skulle få effekt i den svenska debatten. De hade rätt, deras trick fungerade. Igen.

Så om tyranniet oroar dig på riktigt; hjälp det inte på traven.

Tro inte att du är smartare än tyranniets stormtrupper, när de anlitat experter för många miljoner för att hitta rätt strategi. Om du nödvändigtvis måste kommentera eller dela ett vidrigt eller felaktigt inlägg, se åtminstone till att inte dela originalbudskapet.

RÅD 2: DEBATTERA RÄTT SAK

"Min dotter har utbildat sig på högskolan men har inte hittat något nytt jobb på flera månader, alla jobb hon sökt kräver yrkeserfarenhet - men hur ska hon få det om hon aldrig får chansen på en arbetsplats? Samtidigt ser jag hur invandrare åker runt i dyra bilar, och får pengar av kommunen."

Kanske har du hört något liknande påstående? Du väljer vad av detta du lyssnar på, och vad av detta du bemöter.

Om du vill visa dina fina principer, även om det riskerar att skapa en konflikt och bidra till ökat stöd för tyranniets stödtrupper så ska du självklart hänga upp dig på det sista påståendet och förklara att bilarna nog inte är så dyra (de kanske är begagnade?), att det kanske inte var invandrare som åkte i bilen (hur kan hen veta att det inte är någon som är född i Sverige som körde bilen?), och att invandrare inte alls får mer bidrag från kommunen (i alla fall inte automatiskt, och inte alla).

Eller så kan du svälja en gång till, ta ett djupt andetag och koncentrera dig på det som förmodligen var huvudfrågan i påståendet: hur ska dottern kunna få jobb när hon inte har yrkeserfarenhet? Vad kan man göra åt det?

Det senare kommer sannolikt bidra till minskad risk för en stödröst på tyranniets ryttare, men det innebär också att du måste låtsas som att du inte hörde det där om invandrare. Många väljer hellre betet och diskuterar invandring, bilmärken och kommunala bidragssystem. Det kan vara ett bidragande skäl till att "invandringsfrågan" numera prioriteras högre i debatten än "jobben" när väljarna ska rangordna frågor. Ökad polarisering har sällan några positiva effekter: inte ens om målet är att ”ta debatten” eller stå upp för mänskliga rättigheter.

Den som vill agera som en riddare med lansen redo att slåss mot ondskan, kan hävda att det inte finns en motsättning i resonemanget ovan: varför skulle man inte kunna argumentera både mot fördomar om kommunala bidrag och mot orimliga krav på unga arbetssökande? I teorin kan man givetvis ta en sak i taget, om det inte vore för det där besvärande problemet att det är människor vi pratar om.

Människor har en tendens att inte sortera världen lika logiskt och strukturerat som en akademisk uppsats eller en debattartikel av en riksdagspolitiker. Människor tenderar vara ganska snara i sin bedömning av vad de ska tycka, och att övertyga någon kräver i regel både tålamod, list och goda argument. Goda argument räcker inte. Och struktur och logik räcker aldrig.

Vi ska inte gå in på djupet i varför det är på detta sätt, och jag ska inte räkna upp forskning som visar att hjärnan är formad för cirka 40 000 år sedan då vi sökte skydd från rovdjur och fientliga stammar som ville döda oss.[26] Vill du läsa mer om det finns det hänvisningar i slutet på boken och i min bok ”När alla blev experter” (2021), där jag sammanfattar mer om hjärnforskning och hur vår hjärna har problem med det samhälle vi lever i. Här är ett kort utdrag ur den boken:

”Vi kan lära oss leva med saker, vi kan anpassa oss och vi kan göra det bästa av situationen. Även det har vår hjärna utvecklats till. Men i grunden är vissa saker inbyggda i vårt sätt att bete oss.

När människan uppstod som art, för hundratusentals år sedan, var livet på många sätt väldigt mycket enklare än idag: det handlade om att överleva. Det var i och för sig inte så lätt – de flesta dog antingen av svält eller av att någon slog ihjäl dem – men hade det funnits någon handbok för att leva så hade den varit oerhört kort. Kanske hade det räckt med en sida, där de två fakta som är mest relevanta här hade beskrivits:

1. Vi vill tillhöra en grupp och vi kan inte knyta nära band med hur många människor som helst.

2. Vi reagerar på avvikelser och vi undviker hot och negativa känslor.”

Inte ens din hjärna fungerar alltså alltid logiskt och strukturerat: den tenderar att haka upp sig på detaljer, göra förhastade tolkningar, utgå från fördomar och gilla dem som är som du och som du har något gemensamt med.[27] Du må tycka att det är omoraliskt att göra så, men skulden till det får du söka tiotusentals år tillbaka i historien.

Om du vill åstadkomma någon verklig förändring i hur andra människor tycker eller agerar gör du bäst i att utgå från fakta och vetenskap och därmed hellre söka de saker du är överens med andra om än att söka efter konfliktytor. Om tyranniet oroar dig bör du agera på ett sätt som inte får fler att omfamna det.

Låt oss utgå från citatet i inledningen; personen som är orolig för att hens dotter inte får jobb. Innan du svarar, fundera på om det är rätt sak du angriper?

Kanske vore det bra för samhället om debatten handlade mer om arbetslöshet eller skolresultat istället för brottslighet och invandring? Kanske ska du då koncentrera dig på andra politiska sakfrågor istället för att förklara etniska skillnader eller förneka att kulturell bakgrund kan ha en betydelse? Jag inser att någon som läser denna bok kan tycka att man först ska ”klara av” debatten om brottslighet, kulturella skillnader eller flyktingpolitik och att vi ”senare” när vi rett ut alla missförstånd på dessa områden ska prata om skolan, jobben, skatterna eller miljön. Det kommer dock aldrig att ske: tyranniets förespråkare tjänar ingenting på en debatt om skattepolitik, förbättring av skolan eller fler jobb i en hållbar industri.

Tyranniets förespråkare tjänar på att tilltron till samhället minskar, att fler blir mer missnöjda och rädda. Därför kommer brottslighet och problem med integrationen av flyktingar alltid vara stora frågor i debatten – precis som människors privatekonomi alltid kommer att vara en större fråga än skattesystemets teoretiska grunder.

Om tyranniet oroar dig måste du alltså anstränga dig för att argumentera så att du påverkar andra och minskar spridningen av den propaganda som syftar till att undergräva den liberala demokratin.

Detta gäller om du vill göra skillnad. Om ditt enda syfte är att du ska må bättre - oavsett om du gör nytta eller inte - kan du bortse från resonemangen. Men då får du också vara inställd på att dö besviken över sakernas tillstånd, och möjligen förbanna att du inte försökte göra något när du kunde.

Låt oss öva lite.

Är det rasistiskt att se ett samband mellan att ett stort antal unga pojkar kom ensamkommande till Sverige och sociala problem eller brottslighet? Ja eller nej?

Att påpeka sambandet ovan kan självklart ha rasistiska skäl, det kan syfta till att peka ut pojkar från muslimska länder som mindre värda eller att argumentera för minskad invandring. Det kan dock också vara ett helt rimligt påpekande, med kunskapen om att 8 av 10 brott begås av män (när det gäller våldsbrott bland unga är det ännu värre: nästan 9 av 10 som misstänks för misshandel är män).

Alltså är det inte alls förvånande att ökad andel unga män också kan bidra till ökad brottslighet och ökade sociala problem. I synnerhet inte när vi också vet att traumatiska upplevelser i unga år ökar risken för brottslighet. Alltså skulle man kunna ta sambandet mellan sociala problem och ensamkommande pojkar som ett skäl att diskutera skolsystemet, manliga normer, krogvåld, trauman i barndomen, mäns attityder till kvinnor eller något annat stort samhällsproblem.

Eller så låter man diskussionen fastna i frågan om etnicitet.

Är det rasistiskt att säga att det är ett problem att rumänska och bulgariska romer sitter utanför butiker och tigger? Ja eller nej?

Det kan absolut finnas rasistiska skäl till att peka ut romer som ett problem, men det kan också vara så att du inte tycker att det är särskilt glädjande att människor har så dåliga villkor i sitt hemland att de hellre sitter ute i kylan, sover i iskalla bilar och går hungriga hela dagar för att de hoppas få ihop någon hundralapp som kan göra tillvaron i hemlandet bättre. Det kan faktiskt framkalla en legitim känsla av obehag att människor underordnar sig förbipasserande och tigger på sina knän.

Det finns gott stöd i psykologisk forskning om vad som kan framkalla obehag inför en person som sitter på knä och tigger. En persons reaktion på människor som tigger kan vara intressant att fundera på utifrån hur vi alla tenderar att bete oss gentemot andra. Det är väldigt vanligt att vi drar slutsatser om andra människor utifrån hur de agerar när vi ser dem och att vi överdriver i vilken grad människors beteende beror på vem de är, snarare än den situation de befinner sig i.

När vi ser tiggaren utanför butiken skulle det därför kunna leda till en intressant diskussion om varför vi reagerar som vi gör: finns det andra exempel i samhället där vi utgår från att det är något i hens person som gör att hen hamnat där? Kan det rentav vara så att du i något annat sammanhang tänkt att ”människor får vad de förtjänar” och att dessa exempel kanske har större konsekvens på ditt liv eller samhället än tiggaren utanför butiken? Kan människors syn på tiggare vara ännu ett exempel på hur vi definierar ”ut-grupper”, det vill säga de som inte tillhör den grupp vi själva associerar oss till?[28] Kanske tycker du inte att det är något problem med tiggare utanför butiken, men du definierar människor med rakad skalle som ”någon annan typ”, kanske anser du att människor som röstar på SD självklart är rasister? Kanske får det senare större följder för samhället än synen på tiggaren?

Och om vi nu ska krångla till det hela: kan det vara så att den obekymrade synen på tiggare snarare kommer ur det som inom socialpsykologin kallas ”teorin om självpresentation”; det vill säga att någon vill visa upp en fin bild av sig själv, som ”en sån person som ger pengar till dem som har det dåligt”? Eftersom prosocialt beteende mot människor som inte tillhör ”vår grupp” oftare tenderar utföras när vi själva har något att tjäna på det, om vi mår bättre av det eller imponerar på andra skulle det helt enkelt kunna handla om att vi ser tiggaren som en tydlig symbol för en ”främling”. Då blir handlingen inte lika godhjärtad längre, eller hur? I synnerhet inte om hundralappen vi ger till tiggaren bidrar till att stärka vår egen självkänsla.

Eller så kan vi såklart göra det enkelt för oss och dela in befolkningen i goda = de som inte har ett problem med tiggare, och onda = de som hellre skulle slippa tiggare utanför butiken. Var och en väljer strategi.

Är det rasism att fråga sig hur kultur och traditioner bland invandrade påverkar samhällets syn på exempelvis jämställdhet eller tolerans? Ja eller nej?

Att lyfta fram kulturella skillnader, traditioner eller rentav historiska händelser är ett väl beprövat knep av rasister och främlingsfientliga aktörer. Påhittade berättelser som påstås visa att judarna konspirerar mot "folket" eller att judar begått grymheter i historien används än idag som argument för antisemitism, precis som det gav en teoretisk grund till det judehat som ledde till miljontals döda judar under Förintelsen då de tyska nazisternas lyckades vända helt vanliga tyskar (liksom polacker, danskar, fransmän, svenskar och så vidare) mot "judarna".

Men likväl har kulturella skillnader, liksom traditioner, religion och uppfostran, betydelse för såväl brottslighet som de värderingar som präglar ett samhälle. I ett samhälle som stått utanför krig i hundratals år skapas en annan typ av gemensamma berättelser, upplevelser och moraluppfattningar än i ett samhälle som vant sig vid hotet från fientliga grannar. I ett samhälle där de flesta lever i relativt små städer kommer en annan uppsättning värderingar, erfarenheter och praktiska lösningar dominera jämfört med samhällen där huvuddelen av befolkningen lever i stora städer. Detta är för de flesta självklart.

Samspelet mellan biologi och beteenden och hur arv och miljö samspelar för att forma vår personlighet och vårt sätt att bete oss är oerhört komplicerat. Forskningen har ännu inte kartlagt ens en bråkdel av vad som orsakar vårt sätt att vara, och exakt vad som sker när vi väljer att agera mot våra reflexer kan vi inte exakt beskriva. Inte ens vad som avgör en människas längd har man hittat alla genetiska förklaringar till.[29]

Men att arv och miljö formar oss vet vi. Enligt forskare i neurologi kan man till och med se biologiska skillnader i hjärnan hos de folkgrupper som sökte sig vidare från Alaska till Sydamerika för tiotusentals år sedan. Bland dessa ursprungsbefolkningar är förekomsten av en variation i hjärnan som är kopplad till nyhetssökande, extraversion och impulsivitet påtagligt högre än i andra grupper (i genomsnitt). För folkgrupperna ticuna, surui och karitiana (i Amazonas floddalar) är förekomsten 70 procent medan cirka 23 procent av européer och amerikaner med europeisk härkomst har denna funktion. Bland östasiater är förekomsten 1 procent.[30] På liknande sätt kan man se skillnad i biologin i hjärnan bland kineser i regioner som sedan tusentals år varit beroende av risodling och i de som varit beroende av veteodling. Risodling kräver ökad kollektivism, veteodling skapar möjlighet för individualism.[31]

Biologin påverkar beteenden, som i sin tur påverkar normer och samhällen, som i sin tur påverkar biologin. Sambandet mellan biologi och beteende eller arv och miljö är komplext och oerhört intressant, men vi ska inte djupdyka ännu mer i det här (i notförteckningen finns citat ur Robert Sapolskys bok ”Varför vi beter oss som vi gör” som tar upp mycket av detta på ett otroligt intressant och tillgängligt sätt - djupdyk gärna i hans bok efter att du läst klart den här…). Vi kan konstatera att det inte alls är konstigt att människor i olika delar av världen, med olika bakgrund och olika traditioner ser på världen på olika sätt.[32] Att gå från det till att påstå att en risodlare gillar kommunistiskt förtryck, att judar är giriga eller att kvinnor är mindre begåvade än män är dock något annat.[33]

Ovanstående innebär inte att en individ i exempelvis ursprungsbefolkningen i Amazonas automatiskt är mer äventyrlig än en individ i en befolkningsgrupp som har sitt ursprung i en grupp som varit fast bosatt sedan tusentals år. Men sannolikheten är större att en individ från en befolkningsgrupp kommer agera på ett sätt som anses normalt i denna grupp. Självklart kan det skapa problem i ett samhälle när stora grupper med andra erfarenheter ska inkluderas i en gemenskap som de inte förstår de outtalade reglerna i – i synnerhet om de inte får chansen att lära sig majoritetsgruppens språk och knappt får chansen att träffa eller lära något från majoritetsgruppen.

Att fundera över hur invandringen påverkar ett samhälle är alltså inte nödvändigtvis rasism, men det är definitivt rasism att förutsätta att en individ ska bete sig på ett visst sätt endast på grund av hens etniska bakgrund, hens religion eller vilken hudfärg hen har. Att föreslå verksamhet som ger fler invandrare chansen att lära sig språk, träffa människor med bakgrund i majoritetskulturen eller att få ökad förståelse för majoritetssamhällets syn på exempelvis homosexualitet är något annat än att föreslå negativ särbehandling av människor på grund av deras bakgrund.

Fast självklart är det enklare att undvika att ta ställning till målkonflikter och låtsas att det aldrig finns vare sig skillnader eller motsättningar mellan vare sig etniska grupper, sociala grupper eller mellan kvinnor och män.

Det är ofta svårt för oss som oroas av tyranniet att skilja på frågorna, man vill så gärna "ta debatten", stå upp för det som är rätt och ta strid mot fördomar och andra hot mot den liberala demokratin.

Men likväl måste vi lära oss att ta en sak i taget. Vi måste diskutera rätt frågor och börja med det som har störst förutsättningar för att bygga ett fortsatt samtal och en fortsatt dialog.

Det finns anledning att återkomma till hjärnforskningen även här. Att människans hjärna är programmerad för att ta genvägar och tolka andra människor som antingen ”som jag” eller ”som dom” innebär inte att vi är dömda att göra den typen av fördomsfulla indelningar. I en studie av Mary Wheeler och Susan Fiske vid Princeton fick deltagarna försöka hitta en prick i varje bild och då uteblev reaktionen på hudfärg eftersom ansiktet inte studerades. När deltagarna däremot skull avgöra ålder på ansikten reagerade hjärnan på ansikten med annan hudfärg. Även att försöka avgöra om personen tyckte om en grönsak (som visades före varje ansikte) kopplade bort hudfärgs-selektionen.[34]

Med andra ord: ibland kan det vara bättre att helt enkelt bortse från etnicitet, hudfärg och annat i debatten och fokusera på något som skapar nya kopplingar: det går att skapa ”nya” gemenskaper som exempelvis trumfar hudfärg.[35] Kanske kan du exempelvis skriva ”jag har uppfattat att vi som bor i X-stad verkar gilla det här” eller ”vi bananälskare tycker så här” så att läsaren förhåller sig till den mer harmlösa frågan om vilken stad eller vilken favoritfrukt man har. (För att lära mer om detta påminner jag om att läsa åtminstone delar av Robert Sapolsky, eller leta upp någon föreläsning med denna skäggige gigant.)

Politiska inlägg bör inte vara till för att du ska må bättre. Politisk debatt är inte till för att deltagarna ska se på sin spegelbild med större stolthet. Politisk debatt handlar om hur vi ska styra samhället och gemensamt forma vår civilisation; inte om att du ska döva ditt samvete genom att göra ont värre.

Men om resultatet inte är viktigast; om det är viktigare att ha rena händer och känna att du aldrig kompromissat så kan du sluta läsa nu. Det här vänder sig endast till dem som verkligen oroas av tyranniet och vill göra något mot dess inflytande.

Du kan aldrig bemöta allt, och du kan absolut inte bemöta allt på en och samma gång. Försök att lyssna efter kärnan i det som sägs och kom ihåg att det är bättre att fria än fälla: det är inte säkert att alla lägger samma värde i alla ord och uttryck som du gör så ge folk en chans att förklara vad de menar innan du går till angrepp.

RÅD 3: SLÖSA INTE TID PÅ IDIOTER

Kloka människor lyssnar på andra, även om de har andra åsikter än dem själva. Vill man bli en klokare människa gör man klokt i att söka efter andras åsikter och erfarenheter. Att bryta åsikter - och till och med våga byta åsikt - är ett tecken på mognad och inte något att skämmas över.

Men det innebär inte att du ska lägga de få timmar du har på meningslösa diskussioner, att tålmodigt lyssna på hetspredikanter eller försöka få idioter att byta åsikt. Jag ser tre huvudsakliga skäl till detta:

1. Det är inte genom att vinna en debatt du får människor att ändra sig och de som inte är intresserade av att lyssna på andra kommer inte att påverkas av det du säger. Däremot kommer de ibland möjligen bli påverkade av *hur* du säger det, mer om det senare.

4. Den enklaste vägen för att få någon att ändra sig är att söka samförstånd. Det innebär inte att du ska hålla med om allt som sägs, men det är bättre att koncentrera sig på en sak i taget och sträva efter att inte skapa konflikt i de andra frågorna. Att diskutera rätt fråga togs upp i föregående kapitel.

5. Det är enklare att påverka människor man har en bra relation till än främlingar, och så länge du inte endast omger dig med hetspredikanter, idioter eller fullblodsfascister så är det bättre att du lägger tiden på dem som inte är hopplösa fall än att du slösar tiden på personer som ändå inte vill lyssna på dig (du inser väl att de försöker omvända dig på samma sätt som du försöker omvända dem?).

I grunden handlar inte livet om att få människor att se Sanningen; de flesta politiska, religiösa eller filosofiska frågor handlar inte om fakta, kunskap eller sanning. De handlar om uppfattningar, och vi är inte rationella när vi skapar oss uppfattningar om vare sig favoritlag, politiska partier eller synen på främlingar.

Att sluta sig i en bubbla där man endast umgås med dem som tycker som en själv är ett enkelt men dåligt sätt att hantera problemet. Men det är givetvis lättare sagt än gjort att komma fram till vilka personer det är värt att lägga tid på.

När du väl bestämt dig för att ägna några minuter åt att diskutera en fråga (oavsett om det gäller samtal, onlinediskussion eller sociala medier) återstår att ge samtalet en chans. Då finns några tips för att inte få det att spåra ur direkt:

1. Om du diskuterar med någon som du inte känner väl så är det klokt att agera långsamt: en förhastad kommentar eller ett övertydligt ansiktsuttryck kan förstöra förutsättningarna för att diskussionen ska kunna bli konstruktiv.
2. Ekonomiprofessorn Micael Dahlen föreslår att man lägger åtta sekunder på att tänka efter innan man skriver ett svar i sociala medier.[36] Det är ett konkret sätt att försöka komma ihåg att tänka långsamt, istället för att reagera snabbt.
3. Fråga dig vad som var det verkliga syftet med det som provocerade dig: var det huvudbudskapet du störde dig på eller något i tonen? Var syftet att skapa konflikt eller tänkte personen inte sig för?
4. Använd formuleringar i stil med ”vi kanske inte är helt överens om X, men om vi istället funderar på hur man bör göra med Y”.

Har du försökt ge diskussionen en chans genom att följa ovanstående råd är det rimligt att förvänta sig att den andra parten också bjuder till. Om hen inte visar någon som helst ambition att möta dig i detta får du fundera en gång till: är det verkligen värt att lägga tid på denna diskussion?

Förhoppningsvis kan du på detta sätt lättare komma fram till om den andra personen är möjlig att övertyga och om det är värt ansträngningen.

Kom ihåg att alla sammanhang inte är lika viktiga: även om det sällan är meningsfullt att bli osams med någon kanske det inte är avgörande om samtalet med en avlägsen släkting på bröllopsfesten eller med en främling i kön till korvkiosken på natten slutar i att ni lär er mer. Ibland bör man bara vara artig och låta andra säga vad de tycker utan att markera mot det eller framföra sin egen åsikt. Ibland kanske det kräver att du hummar lite eller säger att du "inte riktigt håller med om allt det där" för att du ska kunna se dig själv i spegeln, men nöj dig då med det. Du behöver inte deklarera din åsikt i alla sammanhang.

För kom ihåg att det inte är du ensam som bär motståndet mot tyranniet på dina axlar. En del människor är faktiskt idioter, andra är så övertygade av korkade åsikter att du aldrig kommer att kunna få dem på andra tankar. Och ytterligare andra omvänds bäst av människor som känner dem bättre.

Poängen är att den kraft du lägger på att försöka omvända ett hopplöst fall går ut över det som verkligen gör skillnad: de minuter du lägger på den övertygade Sverigedemokraten kan du inte lägga på att övertyga någon som "egentligen inte har något emot invandrare" men som tycker att det finns "ett antal problem som vi borde prata om". Det är helt enkelt bättre att lägga din tid på det som gör nytta än på dem som bara vill provocera dig (och dra nytta av din ilska).

Den som exempelvis är övertygad rasist och skriver inlägg i sociala medier som provocerar dig följs ofta av andra människor som kanske inte är övertygade, men som kan tänkas ge tyranniets företrädare sitt passiva stöd om du argumenterar oförskämt, hånfullt eller överlägset mot deras kompis. I sociala medier skriver man i regel inför en publik, och det är ofta viktigare att fundera på hur ens inlägg påverkar dem som ser men INTE är inne i debatten, än hur inläggen påverkar den som startade debatten från början.

Kom ihåg Sigge Ågrens visdomsord: *"Underskatta aldrig läsarnas intelligens. Överskatta aldrig deras kunskaper."* Det gäller särskilt i debatter då du kan tycka att det är helt självklart att du svarar på något tidigare inlägg men där andra kanske inte förstår kopplingen eftersom de inte har vare sig förkunskaper i ämnet eller har följt med i alla turer i debatten.

Det handlar nästan alltid om en målkonflikt i debatter med andra: ska jag försöka få den person som har en avvikande uppfattning att ändra sig eller ska jag koncentrera mig på att få åhörare att bli mer övertygade/mindre osäkra? Ditt val kan göra att personen du debatterar mot radikaliseras ännu mer och söker sig till andra forum, men kanske är det ännu värre att fler blir osäkra? Jag vet att valet är svårt, och det finns inte något enkelt svar på hur du avgör vad som är bäst i varje läge.[37]

Det är svårt att omvända någon som fastnat i fördomar mot vissa människor, som tror på konspirationsteorier eller som fastnat för felaktiga fakta. I många fall leder dina försök att korrigera felaktigheter till att dessa uppfattningar stärks, typexemplet är hur människor som tror på konspirationsteorin om att jorden är platt tenderar att ha lättare att också tro på andra konspirationsteorier (och omvänt).

Risken är stor att argumenten mot den ena konspirationsteorin både förankrar dumheterna mer fast i personens uppfattning och leder till att personen "tvingas" tro på andra konspirationsteorier för att förklara uppfattningen i den första. Ditt argumenterande mot att jorden är platt kan exempelvis ses som en förstärkning av uppfattningen att rund-jords-troende är så mäktiga att de fått dig på sin sida. I så fall bör du sluta slösa tid på denna diskussion tills du kommit fram till hur du ska bete dig.

Att bemöta konspirationsteorier med avfärdande och förlöjligande riskerar göra det hela värre så att personen istället söker upp andra som tycker precis som hen.

Så när du står inför frågan om du ska lägga tid på någon som uttrycker sig idiotiskt bör du, förutom knepen ovan, bestämma dig för ett av två alternativ:

1. Låt det vara och hoppas att någon annan tar sig tid och gör det bättre än du orkar.
2. Svara ordentligt och lägg tid och tålamod på det.

Om personen du diskuterar med är en vän eller person du har i ditt liv (och vill fortsätta ha i ditt liv) bör du välja punkt 2. I annat fall kan det vara bättre att låta idiotin passera och hoppas att någon annan i personens liv kan lägga tid och tålamod på dumheterna.

Om du bestämt dig för att lägga tid och tålamod på att försöka få din vän att ”se ljuset” kan du överväga följande råd. Till stor del är de en sammanfattning av de kloka råd som psykologen Martin Forster gav i Dagens Nyheter i juni 2020 för hur man möter konspirationsteorier.[38]

1. Polarisering göder konspirationsteorier, undvik därför att skapa ökad polarisering (i alla sammanhang…).
2. Försök att få personen att själv fundera på andra förklaringar till det hela: ”vad skulle kunna förklara detta i annat fall? Finns det något som talar för någon annan förklaring, tror du?”. Undvik konfrontation och försök resonera lugnt.
3. Fråga om det finns andra påståenden på nätet, som hen tycker är knasiga. Kanske kan ni enas i ett skratt åt Donald Trump eller någon knäpp teori om att rymdödlor tar över jorden? (Om personen på allvar tror på rymdödle-teorin och ser Donald Trump som frälsaren som ska rädda jorden är jag rädd att du inte kommer lyckas i dina försök.)[39]
4. När du vill ge en annan bild av det hela är det bättre att utgå från vad du själv tror än vad som är fel med vännens

uppfattning. Prata så lite som möjligt om de felaktiga föreställningarna, för som du vet minns människor påståenden som upprepas, även om de är falska.

5. Mer fakta och mer komplicerade förklaringar är inte receptet för att övertyga effektivt: Keep It Short and Simple (KISS). Enkla lösningar är alltid lättare att ta till sig än svåra, och det som lockar med konspirationsteorier, fördomar och fake news är i allmänhet enkelheten: ”det här förklarar allt” eller ”gör man bara så här så löser man problemet”.

6. Försök förstå vad i vännens liv som hänger samman med de felaktiga uppfattningarna. Om det är en allmän misstro mot ”överheten” som ligger bakom uppfattningarna är inte receptet att citera makthavare (kanske snarare att söka gemenskap i er irritation på den korkade chefen eller något liknande). Martin Forster påpekar i DN-artikeln att om en person exempelvis tror att makthavare medvetet förstör miljön med gift kan det vara klokt att söka samförstånd i hur viktig miljöfrågan är och i uppfattningen att många regeringar inte tar den på tillräckligt allvar.

Men som sagt: slösa inte tid på idioter om det inte finns någon förutsättning att få dem på andra tankar. Ditt liv är inte tillräckligt långt för det, och vi har inte tid att vänta på att du ska slösa bort för mycket tid på sånt som inte bidrar till att hålla tyranniet borta.

✺ Ska du ge dig in i en diskussion så gör det ordentligt: bättre att låta bli att slösa tid på diskussioner som gör saker värre. Att omvända en ideologisk rasist, någon som är präglad av rysk propaganda eller tror på konspirationer kräver mer än inlägg i sociala medier och uppräkning av fakta och argument. Om du tror att du med några enkla påpekanden kan klara detta är du lika naiv som dem som trodde att de skulle få Clark Olofsson att bli en laglydig medborgare.

RÅD 4: LÄR DIG RÄKNA

När du gjort bedömningen om vem du lägger tid på har du säkerligen mest utgått från om personen eller frågan är viktig i ditt liv. Det vill säga; du utgick nog från känslor när du avgjorde vad och i vilka sammanhang du ska lägga tid på att argumentera – och på vilket sätt du gör det.

Men det kan vara klokt att då och då även påminna sig om hur matematik fungerar.

För du minns det där goda samtalet du hade, när ni alla förstod lite mer av varandra och fick insikt och ökad tolerans. Du söker dig tillbaka till den där stunden och känslan av hur ni hade ett "gott snack" och hur det kändes som att ni faktiskt löste en del problem i världen, i era liv eller i relationerna mellan människor.

Jag önskar att alla ständigt fick uppleva den typen av samtal, men just nu har vi inte tid att endast ägna oss åt självförverkligande genom "gott snack". Vi har viktiga uppgifter att ta itu med, och därför är det några frågor jag vill att du fungerar på i anslutning till det där bra snacket ni hade:

1. Hur många personer deltog i det där bra snacket?
2. Hur många sådana samtal orkar du arrangera och delta i, säg, per månad?
3. Vad blir antalet om du multiplicerar antalet personer som deltog i snacket med antalet i fråga 2?
4. Tror du att du kan arrangera så många "bra snack" med nya deltagare varje gång?
5. Hur många eldsjälar som du krävs för att lägga den tid och kraft som behövs för att övertyga 2 miljoner svenskar (cirka 20 procent av befolkningen) om att Sveriges problem inte beror på invandring, korrupta makthavare eller "mångfaldskultur"?

6. Sätt igång med arrangerandet!

Vi behöver alla engagera oss i massor av bra samtal, där vi tillsammans hjälps åt att öka förtroendet för andra människor, ökar tilltron till våra demokratiska institutioner och får människor att påminna sig själva om att se förbi hudfärg, religion, sexuell läggning, etnicitet och annat som är skäl till fördomar och förutfattade meningar. De där samtalen gör nytta på riktigt.

Men. Tro aldrig att dina samtal ersätter förståelsen för hur det fungerar på samhällsnivå. Det handlar – som jag tror du insåg i samband med frågorna ovan - om enkel matematik. Du ska inte sluta söka ett ”gott snack” med vänner men du måste inse att det krävs mer än såna snack för att rädda världen från tyranniet. Och att de där snacken inte nödvändigtvis sker på samma sätt som de snack du behöver ge dig in i om du vill rädda den liberala demokratin.

För låt oss vara ärliga: oftast har både du och jag de där ”goda snacken” med vänner som tycker ungefär som vi, som är ungefär som vi och som förmodligen inte alls är målgruppen för vare sig nyssnazistiska partier, rysk påverkan eller konspirationsteorier. Det är inget konstigt med det, det är inget du behöver skämmas för. Det hör till mänskligt beteende sedan tusentals år att söka sig till dem som är ungefär som en själv.[40][41]

Så även om du självklart ska söka dig till de goda snacken, även med vänner du tycker likadant som, bör du vara medveten om att det som gäller i dessa inte är överförbart på hur samhället fungerar och att dessa samtal inte ersätter det tålmodiga och jobbiga arbete som det är att samtala och möta människor som inte är som dig själv.

Fortsätt tro på möjligheten att ändra åsikt och se världen på andra sätt. Fortsätt tänka kloka tankar tillsammans med andra. Fortsätt resonera och tro på bra samtal. Men sluta omedelbart försöka se sociala medier och offentlig debatt som ”goda snack”, för det är inte så det fungerar.

RÅD 5: ENGAGERA DIG LAGOM MYCKET

Du vet att ett konstruktivt samtal kan skapa ny förståelse och göra att man blir uppfylld av känslan av att utvecklas som människa. Du vet att en väl formulerad text kan få dig att tänka till och förstå nya saker

Men vad är gemensamt för dessa situationer?

Mycket skiljer situationer och upplevelser åt, men gemensamt för förståelse och mänsklig utveckling är att den nästan alltid sker genomtänkt och inte reflexmässigt.

Den första reaktionen må vara snabb, men när slutsatser ska dras, när teorier skapas eller när kunskap ska spridas krävs tid. Det är därför du ska engagera dig lagom mycket. För mycket engagemang riskerar nämligen innebära att du inte tänker dig för, att du reagerar reflexmässigt och gör saker du kommer att ångra.

Det gäller även när du ska diskutera med andra. Om du gör som ekonomiprofessorn Micael Dahlen rekommenderar och avvaktar åtta sekunder innan du skriver en kommentar eller reagerar på ett inlägg ökar chansen att du beter dig rimligt.[42] Ekonomiprofessorn gjorde ett experiment som visade att det krävdes minst åtta sekunder för att personer skulle förstå och svara rimligt på inlägg och andras kommentarer. Detta gäller så klart särskilt i sociala medier, men det är rimligt att använda den kunskapen även när du pratar med någon som säger något som får dig att studsa till.

Det går åt väldigt mycket energi för hjärnan att tänka medvetet. Vår förmåga att hålla saker i arbetsminnet, vår förmåga att vara strategiska, att hålla tillbaka impulser, reglera känslor, handla enligt en strategisk analys och så vidare återfinns i pannlobsbarken i hjärnan.

Den delen av hjärnan förbrukar enorm mängd energi och kroppen strävar efter att spara på energi.

Området är inte fullt utvecklat förrän i tjugofemårsåldern på människor och de individuella variationerna i pannlobsbarken är större än de genomsnittliga skillnaderna mellan människans hela hjärna och schimpansens hela hjärna.[43] Läs det en gång till. Därefter kan du fundera på varför människor agerar olika.

Robert Sapolsky skriver: *"pannlobsbarken får dig att göra det som tar emot när det är det rätta att göra"*. Med andra ord: pannlobsbarken är förutsättningen både för att du ska reagera på rätt saker och att du ska kunna reagera på det sätt som ger effekt i kampen mot tyranniet.

Lyckligtvis förändras hjärnan i livet, och vi lär oss saker. Sapolsky tar exemplet med potträning: fram till cirka tre års ålder kissar vi så fort vi behöver men i resten av livet ser hjärnan till att vi reglerar urinblåsan och beter oss som folk. Detsamma gäller självklart en väldig massa andra funktioner som vi lär oss. Alltså kan du säkert lära dig att tänka åtta sekunder innan du skriver ett argt svar på ett dumt inlägg. Du kan helt enkelt lära dig att engagera dig lagom mycket.

Tidpunkten på dygnet har också betydelse. Enligt en studie på Stanford-universitetet är risken 25 procent högre att du missförstår andras inlägg eller själv gör inlägg som du ångrar när du är på Facebook, Instagram eller Twitter efter klockan 21. Värst är det vid 3-tiden på natten.[44]

Skälet till att du ska engagera dig lagom mycket är att du blir klokare då. Snabba reaktioner gör att risken ökar att du reagerar fel och känslor förvärrar det hela ytterligare (det finns ett samband mellan dessa faktorer, men nu skiljer vi på dem). Ilska gör att människor blir mindre analytiska och agerar mer reflexmässigt och stressade människor fattar dåliga beslut.

Det är rimligt att anta att det är ett skäl till att det är troligare att du skriver något elakt eller ogenomtänkt (i samma diskussion eller någon annanstans) när du läser andras dumma kommentarer.

Det är stora krafter du har emot dig i din hjärna. Dina egna fördomar påverkar och exempelvis kommer en rasist att reagera kraftigare på en person med annan hudfärg. Men reaktionen är inte förbehållen rasisten: oavsett hur fördomsfri du tror dig vara kommer du att påverkas. Våra hjärnor noterar hudfärg väldigt snabbt, och det uppstår mycket snabbt kopplingar mellan hudfärg och association med annat: Robert Sapolsky redogör för studier av Elizabeth Phelps som visar att hjärnan väldigt snabbt är beredd att associera något dåligt med "dom" (det vill säga de som har annan hudfärg än en själv)[45]. Hjärnans slutsatser är så snabba att vi inte är medvetna om dem:

- Ett hotfullt ansikte skapar en reaktion på mindre än 200 millisekunder (och vita personer reagerar starkare på en svart person än på en vit).
- Vilket kön ett ansikte tillhör bearbetas inom 150 millisekunder, likaså social status. Social dominans är likartad i alla kulturer, hjärnan kan omedelbart skilja högstatus- från lågstatusuttryck.
- Först några millisekunder senare aktiveras pannlobsbarken som säger "låt oss tänka igenom det här". Denna reaktion var i studien svagare hos vita som såg en svart person (de individuella skillnaderna är stora). Problemet är verkligt; strukturerna påverkar exempelvis i amerikanska domstolar, där det tycks finnas ett samband mellan strängare straff och fördomar.

Studierna är gjorda i ett amerikanskt sammanhang och det är rimligt att anta att USAs historia av raslagar, slaveri och öppen rasism påverkar detta. Det är dock inte rimligt att anta att svenskar i allmänhet är befriade från denna typ av reaktioner.

Har detta någon betydelse för hur du agerar i ditt arbete mot tyranniet? Ja, det har ju det. För det första påverkar det din förmåga att agera på ett klokt sätt istället för att reagera instinktivt. För det andra påverkar det hur andra uppfattar såväl dina som andras uttalanden, inlägg eller nyhetshänvisningar. I båda fallen är det avgörande att inse att den instinktiva reaktionen är problematisk.

För att förstå detta bättre ska vi vända oss till Daniel Kahneman som (tillsammans med Amos Tversky) haft ett enormt inflytande på både vetenskap och praktik inom psykologi, beslutsfattande, politik, medicin, nationalekonomi och beteendeekonomi och 2002 tilldelades "Nobelpriset i ekonomi".

I boken "Tänka, snabbt och långsamt" förklarar Daniel Kahneman hjärnans olika sätt att hantera information på ett förenklat sätt genom indelning i två system:

- System 1 får oss att reagera snabbt (och ofta felaktigt) utan att fundera tillräckligt.
- System 2 har förmågan att resonera och tänka igenom vad vi ska göra.

När vi använder System 1 (tänker snabbt) tenderar vi att fastna i snedvridningar och andra tankefel. Vår intuition sviker oss regelbundet, och det är mycket svårt att förmå sig själv att ifrågasätta de slutsatser som dragits snabbt: *"Förnuftets stämma kan vara mycket svagare än den starka och klara rösten från en felaktig intuition, och att ifrågasätta sina intuitioner är obehagligt när man ställs inför ett stressande beslut"*, skriver Kahneman.[46]

Det gäller att förstå problemet och att lära sig känna igen signalerna som tyder på att du håller på att dra snabba (förhastade) slutsatser. Det är här Micael Dahlens åtta sekunders-regel kommer in. Andas och räkna till åtta så får du se om System 2 kanske hjälper dig att få ett annat perspektiv.

Att tänka snabbt ökar risken för snabba reaktioner, att tänka långsamt ökar förmågan att sortera information och impulser. Ett av problemen är att sociala medier är byggda för att uppmuntra den snabba reaktionen, snarare än det eftertänksamma. Det gör det svårare för oss som kämpar mot tyranniet. Statsvetaren Siva Vaidhyanthan citeras i "Internet är trasigt": *Det vi vet är att Facebook förstärker de mest känslomässigt starka budskapen, vilket innebär att det material som gynnas är exempelvis bebisar och hundvalpar, men även högerextremism och rasism.*"[47]

Alla sociala medier är utformade för att få oss att reagera och stimulera hjärnan till ett beteende som gör att vi använder appen eller sajten mer. Det är så de tjänar pengar.

Det kan handla om aviseringar om nya meddelanden eller händelser, om en liten fördröjning medan appen uppdateras eller om att notiser hamnar i ditt flöde när det är störst chans att du ska se dem. Allt detta sker eftersom konstruktörerna är välutbildade i psykologi och mänskligt beteende. Utifrån hur vi människor agerar på vissa stimuli vet de hur de ska utforma programmet, appen eller webbplatsen. I detta fall är vi i stort sett bara varianter av de djur som psykologen Ivan Pavlov fick att utsöndra saliv så fort de hörde en klocka ringa (när den kopplats till utfodring). Vi är mer avancerade och har förmågan att ifrågasätta och agera på annat sätt, men det kan vi bara göra när vi tänker efter ("tänker långsamt", för att citera Daniel Kahneman).

När vi tillåter oss att bara reagera på det som händer i exempelvis sociala medier kan vi "programmeras" att exempelvis bli upprörda av bilder, precis på samma sätt som att enarmade banditer, nätspel och betting är utformade för att vi ska tro att vi vinner nästa gång och göra det svårt för oss att sluta.

Alla - även du - "tänker snabbt" i de flesta situationer: annars skulle du inte kunna överleva i samhället. Men kom ihåg att sakta in och "tänka långsamt" när du ska bedöma om du ska reagera på vad någon säger - och tänk långsamt när ni diskuterar.

RÅD 6: DELA MED DIG AV DET GODA (OCH ENGAGERA DIG!)

Jag är inte särskilt tålmodig. Jag vill se resultat; och det snabbt. Men är det något jag lärt mig så är det att förändring tar tid. Jag har också lärt mig att förändring är möjlig, och att det som en gång verkade vara omöjligt faktiskt kan bli helt självklart.

Påminn dig själv och andra om att det går åt rätt håll; att det mesta blir bättre. Färre dör av svält i världen, fler barn än någonsin tidigare växer upp och får leva långa liv, fler är bättre utbildade än någon gång i historien. Steg för steg höjer vi ambitionerna för vad som är en bra civilisation; vad som är ett bra sätt att leva tillsammans.

Även om uppförsbacken kan verka lång och brant så blir den inte kortare eller flackare av att du utmålar världen som hopplös, ond eller på fel väg. Att uppmärksamma framgångarna är mer kraftfullt än att fokusera kraften på det som återstår – i alla fall om du vill engagera andra människor. Det är ytterst få som lockas till nytt engagemang av rubriker om hur eländigt allt är. Om du inte tycker att det där sista stämmer på just dig, så beror det förmodligen på att du redan är engagerad och brinner för att sätta tänderna i ännu en utmaning.[48]

Runtom i världen hotas, hatas och plågas människor för att de berättar vem de älskar. För de flesta svenskar är det helt orimligt att det ska vara olagligt eller omoraliskt att älska någon av samma kön som en själv, men så hör också svenskarna - i genomsnitt - till världens mest toleranta folk. I undersökning efter undersökning visar det sig att svenskarna sticker ut i frågor om att acceptera andra människor oavsett kön, hudfärg, religion och sexualitet.[49]

Det innebär inte att det är lätt att leva som homosexuell i Sverige eller att kvinnor tjänar lika mycket som män för likvärdigt arbete. Inte heller innebär det att muslimer eller judar kan räkna med att slippa förföljelse. Tyvärr är inte heller Sverige ett perfekt land. Men det har blivit bättre.

Attityder förändras nämligen över tid. De förändras inte över dagen, eller efter ett enda bra samtal, men över tid sker stora förändringar.

Kännedom om vilka attityder medborgarna har är en förutsättning för den som vill förändra samhället – särskilt för dem som är progressiva eller radikala (och följaktligen inte nöjer sig med status quo). Ett tydligt exempel på samspelet mellan hur samhället samspelat med människors attityder är synen på homosexualitet i Sverige. Frågan om samkönade pars rätt att adoptera barn illustrerar förändringen tydligt.

Att testa toleransen genom att få människor att föreställa sig vem de vill (eller inte vill) ha som granne är en bra värdemätare på verkliga värderingar (till skillnad från läpparnas bekännelse: ”jag älskar alla människor”). När man i de stora värderingsundersökningarna, World Value Survey, frågar människor i olika länder sticker Sverige ut. Andelen som INTE vill ha en homosexuell person som granne är lägst i Sverige av alla jämförda länder (cirka 5 procent). Och den siffran varierar: I exempelvis Tyskland och Chile är siffran runt 25 procent och i Turkiet över 85 procent.

Men det är tydligt att förändring har skett: på 90-talet svarade mer än 10 procent av svenskarna att de inte ville ha en homosexuell person som granne, och det var då den lägsta siffran av alla jämförda länder.[50] Så attityder förändras.

På Socialdemokraternas kongress 2001 i Västerås var frågan om samkönade par skulle ha rätt att adoptera barn en stor fråga; partistyrelsen föreslog att kongressen inte skulle ta ställning för detta men ombuden på kongressen ville annorlunda: med liten majoritet beslutades att partiet skulle ställa sig bakom att samkönade par skulle ha rätt att adoptera.

Partistyrelsen gjorde sannolikt en korrekt bedömning av vad svenskarna i allmänhet tyckte; enligt SOM-institutets mätning något år tidigare tyckte endast var tionde svensk att homosexuella par skulle få adoptera barn. Sedan gick det fort.

2002 beslutade riksdagen – efter en lång debatt och hård konflikt – att samkönade skulle få rätt att adoptera, 2007 var all lagstiftning på plats. Mindre än tio år senare ställde sig halva befolkningen bakom homosexuellas rätt att adoptera barn, och kurvorna pekar uppåt i nästintill alla befolkningsgrupper: för varje år ställer sig fler och fler bakom detta och idag vill inget parti ändra lagstiftningen. I opinionsundersökningar anser nästan alla svenskar att homosexuella ska ha samma rättigheter som heterosexuella. Frågan är numera i stort sett en icke-fråga i opinionen och i politiken (vilket givetvis inte innebär att det inte finns fördomar eller sker övergrepp mot hbt-personer). Attityderna till homosexualitet har förändrats i snabb takt, enligt statsvetaren Henrik Ekengren Oscarsson utmärker sig denna fråga vad gäller hur opinionen förändrats[51] (för den som är politiskt progressiv finns anledning att glädja sig åt att utvecklingen är liknande i de flesta frågor som rör tolerans och öppenhet).

Om inte politiken varit medveten om förändringarna bland svenskarnas attityder hade förändringen inte gått så fort – och hade inte förändringarna i lagstiftning och offentlig inställning skett så (jämförelsevis) fort hade sannolikt inte attityderna förändrats så snabbt.

Så låt oss göra ett tankeexperiment: tänk att de som ville ha en förändring av attityder och lagstiftning ägnat sin kraft åt att peka på hur inskränkta människor är. Om sociala medier funnits på den tiden och engagerade hbt-aktivister hade delat inlägg på inlägg om hur få svenskar som tycker att homosexuella ska få adoptera barn, om att svenskarna är inskränkta och motsätter sig partnerskap för homosexuella eller att ”typiska svenskar” är homofober.

Tror du då att de politiska partierna hade vågat fatta de beslut de fattade, på kongresser och i riksdagen? Tror du att fler svenskar då hade tänkt ”jag ska nog gå på tvären mot de flesta andra; jag ska vara en av de få som tycker att homosexuella ska ha samma rättigheter”?

Det som uppfattas som ”normalt” blir nämligen normalt. Och oavsett hur gärna du kan vilja avvika från det som är ”normen” så är hela poängen med ”norm” att det är det som är vanligast förekommande och det som inte sticker ut. Och de allra flesta människor vill höra till gruppen, tycka som andra och känna sig hemma i den stora massan. Att ett fåtal väldigt aktiva individer vill avvika från allt förändrar inte det entydiga stödet i forskningen för att vi människor överlag vill höra till en grupp, att vi vill undvika konflikter och att vi inte vill hamna utanför samhällsgemenskapen. Om inte annat är viljan att tillhöra en grupp djupt programmerat i våra hjärnor sedan tiotusentals år. Jag har gett gott om exempel på vad forskningen säger om sådant tidigare i boken.

Fundera på vad du utmålar som normalt. Det kanske är bättre att uppmärksamma de goda exemplen än att sprida de dåliga? Det kanske är bättre att låtsas som att du har stöd av befolkningen i din åsikt än att göra tvärtom? Det finns skäl till att de mest effektiva opinionsbildarna regelbundet offentliggör opinionsundersökningar som visar att de flesta svenskar stöder deras ståndpunkter.

Det fungerar åt andra hållet också: vi vänjer oss även vid det onda. Ju mer normalt något uppfattas, ju lättare accepterar vi det. Exemplen är dessvärre alltför många.

Det nyssnazistiska partiet Sverigedemokraterna blev kostymanpassade och tonade ner sin politik om att skicka hem invandrare till sina ”hemländer”. Och vi vande oss: SD var ett av alla riksdagspartier och steg för steg började andra partier till och med samarbeta med dem och några år senare är de tillbaka vid den ursprungliga politiken och föreslår ”återutvandringsdepartement”, säger att ”judar inte är svenskar”, pratar om återvandringståg till Afghanistan och lanserar extremistteorier om ”folkutbyte” (den teori som den norske terroristen Breivik byggde sitt manifest på).

I början av Rysslands angreppskrig mot Ukraina försökte den ryska propagandan förneka angrepp på civila mål. Det var helt rimligt att de gjorde så, för i den internationella opinionen var det en stor fråga: Ukraina visade på den ryska ondskan och opinionen förfasade sig över massakrer på civila, döda civila som skjutits med händerna sammanbundna och raketattacker mot civila mål.

Några månader senare hade vi vant oss och även om en raketattack på ett köpcentrum får en mindre artikel i tidningen så fylls inte vare sig Instagram, Twitter eller Facebook med upprop, nya profilbilder eller andra typer av ställningstaganden. Vi må fortfarande tycka lika illa om Rysslands angreppskrig och landets brott mot de värderingar vi håller högt. Men vi har vant oss.

Det normala har förändrats och nu förväntas inte alla längre ta ställning varje dag. Och med ens blev frågan mindre. De flesta europeiska länder har minskat stödet till Ukrainas kamp och eftersom Rysslands övergrepp inte uppmärksammas lika mycket kommer de undan med mer.

Hela Trump-kampanjens strategi byggde på samma sak: om varje skandal eller märkligt uttalande raskt följs av ett nytt lika märkligt uttalande kommer det till slut bli så mycket att det drunknar och ingen bryr sig längre. Därmed är frågan nollställd och handlar inte om huruvida Trump ljugit utan om huruvida man gillar den politik han står för eller inte. Och den politik han står för har större stöd än vi kan förstå, även om många av hans sympatisörer i teorin aldrig skulle rösta på en presidentkandidat som skryter om sexuella övergrepp.

Vi vänjer oss.

Därför är det bättre att sprida det som är positivt, det som visar att något händer och att framsteg görs. Normaliseringen är oftast en fiende till den som vill förbättra och den som tror på humanism och progressiv politik. På grund av tystnad från dem som håller med och uteblivna hejarop från dem som är mer otåliga hotas förändringen: oavsett hur mycket bra som görs, kommer det aldrig vara tillräckligt.

Att aldrig vara stolt över det som gjorts är ett hot mot fortsatt framgång, och hjälper dem som vill ”skicka hem” svenskar med invandrarbakgrund, de som tycker att feminismen ”gått för långt” eller de som vill utvidga sitt tyranni till omkringliggande länder.

Så istället för att starta ännu ett instagramkonto som visar hur lite samhället bryr sig om övergrepp mot kvinnor[52] (det är inte ens sant: att bekämpa övergrepp och våld mot kvinnor är ett av de områden som det jobbas mest med i samhället) så kanske du ska visa vad som går att åstadkomma om man hjälps åt genom att uppmärksamma resultaten av en framgångsrik feministisk kamp?

Hellre än att sätta sig på bilgatan och protestera mot ”att inget görs” i klimatfrågan kan det vara en idé att gå från dörr till dörr och berätta om positiva förändringar och ge råd om hur människor kan bidra ännu mer.

Du gör större nytta och kan få fler att engagera sig om du visar att förändring är möjlig och pekar på vad som kan göras.[53] Vill du åstadkomma resultat ska du fokusera på positiva nyheter. Du kanske inte får lika många inlägg som ilsket skriker ut sitt stöd, men du kommer få fler som faktiskt gör något. Om nu det är vad du vill. Det finns grund för motivationscitatet som finns i så många varianter: *”Ilska kan få dig att stödja andra som gör något, men hopp är det som ger dig styrka att göra något själv.”*

Om vi lär oss utgå från hur våra hjärnor fungerar, slutar vara så förbannat naiva och anstränger oss lite till kan vi fixa det här. Om tyranniet oroar dig, så kan vi väl hjälpas åt att stoppa det?

❋ Hopp skapar mer engagemang än uppgivenhet. Förändring tar tid, men blir bara av om även de små framstegen uppmärksammas. ”På grund av tystnad från dem som håller med och de uteblivna hejaropen från dem som är mer otåliga hotas förändringen: oavsett hur mycket bra som görs, kommer det ju aldrig vara tillräckligt.”

TIPS PÅ YTTERLIGARE LÄSNING

"Om tyranni", Timothy Snyder

Precis som de flesta andra trodde Timothy Snyder att USA skulle välja Hillary Clinton till president 2016. När det visade sig att amerikanerna uppenbarligen inte lärt sig tillräckligt av det som hänt skrev han en kortfattad bok med 20 lärdomar från det tjugonde århundradet, som också fungerar som råd, till exempel *"Försvara institutionerna"*, *"Var aktsam med språket"* och *"Var så modig du kan"*.

"Tänka, snabbt och långsamt", Daniel Kahneman

Det är ingen överdrift att Daniel Kahneman tillsammans med Amos Tversky förändrat det sätt vi ser världen. Deras forskning om hur vi drar felaktiga slutsatser och tänker fel är avgörande inom alla delar av samhälle och liv. Läs den!

"Varför vi beter oss som vi gör - Biologin bakom människans bästa och sämsta sidor", Robert Sapolsky

Tjock bok om hjärnforskning av en verklig tungviktare. Lättläst även för den som inte är insatt i neurologi och biologi men kan med fördel läsas kapitel för kapitel med uppehåll emellan; både på grund av alla de tankeställare man får och på grund av mängden ganska komplicerade termer (komplicerade för oss som inte är hjärnforskare, alltså).

"Internet är trasigt - Silicon valley och demokratins kris", Martin Gelin och Karin Pettersson

Många böcker lyfter de utmaningar som sociala medier ställt oss inför, men ingen annan bok på svenska beskriver problemen så rappt och lättbegripligt.

"Den översvämmade hjärnan", Torkel Klingberg

Det borde vara obligatoriskt att ta del av kunskap om vad floderna av information innebär för hjärnan. Torkel Klingberg är inte bara professor i kognitiv neurovetenskap och väldigt kunnig om hur hjärnan fungerar; han kan även skriva så att man förstår.

"Factfulness", Hans Rosling med Anna Rosling Rönnlund och Ola Rosling

På omslaget till pocketupplagan sammanfattar Barack Obama varför man ska läsa boken: *"En hoppfull bok om potentialen för mänskliga framsteg när vi arbetar med fakta snarare än våra inbyggda fördomar."* "Factfulness" visar pedagogiskt att världen faktiskt blivit bättre - för att vi ansträngt oss för att åstadkomma förändring.

"The political brain - The role of emotion in deciding the fate of the nation", Drew Westen

Med sin bakgrund inom forskning (psykologi) visar Westen hur känslor och identitet spelar avgörande roll i våra partival, och hur det demokratiska partiet i USA och progressiva krafter kan lära av det och sluta begå så många misstag i sina kampanjer och i sin politikformulering.

SEX RÅD TILL DIG SOM OROAS AV TYRANNIET (REPETITION):

1. Var inte så förbannat naiv

Tro inte att du är smartare än tyranniets stormtrupper, när de anlitat experter för många miljoner för att hitta rätt strategi. Om du nödvändigtvis måste kommentera eller dela ett vidrigt eller felaktigt inlägg, se åtminstone till att inte dela originalbudskapet.

2. Debattera rätt sak

Du kan aldrig bemöta allt, och du kan absolut inte bemöta allt på en och samma gång. Försök att lyssna efter kärnan i det som sägs och kom ihåg att det är bättre att fria än fälla: det är inte säkert att alla lägger samma värde i alla ord och uttryck som du gör så ge folk en chans att förklara vad de menar innan du går till angrepp.

3. Slösa inte tid på idioter

Ska du ge dig in i en diskussion så gör det ordentligt: bättre att låta bli att slösa tid på diskussioner som gör saker värre. Att omvända en ideologisk rasist, någon som är präglad av rysk propaganda eller tror på konspirationer kräver mer än inlägg i sociala medier och uppräkning av fakta och argument. Om du tror att du med några enkla påpekanden kan klara detta är du lika naiv som dem som trodde att de skulle få Clark Olofsson att bli en laglydig medborgare.

4. Lär dig räkna

Fortsätt tro på möjligheten att ändra åsikt och se världen på andra sätt. Fortsätt tänka kloka tankar tillsammans med andra. Fortsätt resonera och tro på bra samtal. Men sluta omedelbart försöka se sociala medier och offentlig debatt som ”goda snack”, för det är inte så det fungerar.

5. Engagera dig lagom mycket

Alla - även du - ”tänker snabbt” i de flesta situationer: annars skulle du inte kunna överleva i samhället. Men kom ihåg att sakta in och ”tänka långsamt” när du ska bedöma om du ska reagera på vad någon säger - och tänk långsamt när ni diskuterar.

6. Dela med dig av det goda (och engagera dig!)

Hopp skapar mer engagemang än uppgivenhet. Förändring tar tid, men blir bara av om även de små framstegen uppmärksammas. ”På grund av tystnad från dem som håller med och de uteblivna hejaropen från dem som är mer otåliga hotas förändringen: oavsett hur mycket bra som görs, kommer det ju aldrig vara tillräckligt.”

NOTER

Noterna redovisas i ordning, kapitel för kapitel, klickbara länkar och mer information finns på www.omtyrannietoroardig.se

Om tyranniet oroar dig är det allvar nu

1. Tidigare handlade Rysslands cyberattacker i första hand om industrispionage och liknande, men precis som i andra länder är de ryska intressena i allt högre grad inriktade på att påverka politik och samhällsfunktioner, konstaterar den svenska säkerhetspolisen. Säkerhetspolisen efterlyser en nationell ansträngning - gemensam över olika delar av samhället - för att skydda Sverige mot främmande makt och våldsbejakande extremister. Myndigheten för Samhällsskydd och beredskap (MSB) varnar återkommande för påverkanskampanjer från främmande makt och att den ryska regeringen ligger bakom en del av dessa har bekräftats såväl i Sverige som i andra länder. Hösten 2020 utsattes det norska stortingets e-postsystem för en attack och Norge har officiellt sagt att allt pekar på att Ryssland låg bakom intrånget, och det finns en lång rad av liknande exempel. Ryska intressen har även gång på gång bevisats ge stöd till högerextremister, bland annat i Sverige (flera SD-företrädare har förmedlat rysk propaganda och så sent som i februari 2022 kunde partiledaren Jimmie Åkesson inte välja mellan Joe Biden och Vladimir Putin).
   Kinas påverkan på bland annat Sverige tycks handla mest om "kinesiska intressen" och inte om påverkan på politik och opinion som den ryska propagandan. Kina påverkar dock såväl politiker som journalister i Sverige. På www.omtyrannietoroardig.se finns länkar till källor.

Myndigheten för psykologiskt försvar har en bra kampanj som visar hur lätt det är att bli lurad: https://www.bliintelurad.se/.

2. Kapitlet "Till slut hittade "ryssen" ett sätt att vinna krigen " ur boken "När alla blev experter" (av mig) handlar om hur Ryssland framgångsrikt använt sociala medier och annat för att lyckas med det deras stridsvagnar och kärnstridsspetsar misslyckades. Kapitlet finns att läsa på: www.omtyrannietoroardig.se

3. Martin Gelin och Erik Åsard skriver så här i "Hotet mot demokratin" (Historiska Media, 2019): *"Snarare än entusiasm utmärks de styrandes demokratisyn i dessa länder av en beslutsam strävan att göra det så svårt som möjligt för de illegitima motståndarna att återta makten. Vid sidan av specialfallen Ryssland och Turkiet har trenden varit tydligast i Ungern där Viktor Orbán mörkade sina egentliga avsikter inför det val som gav hans parti egen majoritet i parlamentet. Men han gjorde åtminstone ett profetiskt uttalande under tiden i opposition som avslöjade intentionen: "Vi behöver bara vinna en gång, men göra det ordentligt. Avsikten som aldrig yppades var att om Fidesz fick kvalificerad majoritet, vilket skedde 2010, skulle konstitutionen och vallagarna kunna ändras så att det blev svårt för oppositionen att vinna val och snudd på omöjligt för den att regera om den skulle lyckas återkomma till makten. Sedan dess har Orbán återvalts två gånger och genomfört en systemförändring som har få motsvarigheter i länder med allmän och lika rösträtt."* (Sidan 12-13)

4. 2017 erkände Facebook att anklagelserna om att de i presidentvalet 2016 lät trollkonton och andra påverka amerikanska väljare stämde (tidigare hade Facebook-grundaren Mark Zuckerberg mfl avfärdat påståendena). Otillåtna ryska trollkampanjer kan ha nått så många som 150 miljoner amerikanska Facebook-användare under valkampanjen 2016. Dessutom skickades stora mängder individuellt anpassade annonser, från anonyma avsändare, vilket enligt forskare starkt bidrog till att Donald Trump vann i de tre nyckelstater som avgjorde valet. Nyhetssajten Pro Publica har visat att det då gick att använda Facebooks annonseringsverktyg för att rikta annonser

till antisemiter: med hjälp av sajtens egen algoritm erbjöds de 108 000 personer som hade en profil som bedömdes som anti-semitisk. Läs gärna mer i "Internet är trasigt". I ett längre dokument, publicerat av Aftonbladet 2017, redogör Martin Schori för hur det gick till: https://trumpsfakenewsfabrik.story.aftonbladet.se

5. SDs partisekreterare Richard Jomshof skrev 2016 i ett intern inlägg: *"Eftersom Sverige inte är Ungern, eftersom vi inte sitter i regeringsställning (än), och eftersom media i Sverige inte fungerar som media i Ungern, är vi tvungna att anpassa oss efter den verklighet som råder här."* Jomshof var partisekreterare för SD 2015-2022, numera ordförande i riksdagens justitieutskott. Citerat ur "Hotet mot demokratin", sidan 131.

6. The Economists demokrati-index finns på följande webbadress: https://infographics.economist.com/2019/DemocracyIndex/

7. Det finns många exempel på SD-företrädare med kopplingar till den ryska propagandaapparaten och hur SD gått Rysslands ärenden, men det mest obegripliga och bisarra jag sett på det området är när SDs kansli i kommunhuset i Örebro flaggade med en rysk flagga i fönstret för några år sedan. Vad får ett svenskt parti att välja en sådan symbol?

8. Drew Westen beskriver experimentet med Bush- och Kerry-väljarna 2004 i boken "The political brain – The role of emotion in deciding the fate of the nation" (Public affairs, 2008), där han också argumenterar för hur Demokraterna kan bli relevanta igen. Det finns flera föreläsningar och artiklar om och av Westen, som efterhand ägnat alltmer av sin tid åt politiskt konsultande för demokraterna.

9. Företaget Cambridge Analytica, som lagts ner efter skandalen med deras namn, fick tillgång till all information på Facebook om 230 miljoner amerikanska väljare. Dataforskaren Michal Kosinski skapade tekniken som Cambridge Analytica sedan utnyttjade och

han varnade tidigt för att det räckte med att analysera mindre än 100 likes på Facebook för att identifiera en användares hudfärg och om de exempelvis röstade på demokraterna eller republikanerna i USA. Läs mer om den spännande historien här: https://www.theguardian.com/technology/2018/mar/17/facebook-cambridge-analytica-kogan-data-algorithm
Även om företagets förgrundsfigur Alexander Nix sannolikt överdriver en del så är det här ändå en fascinerande säljföreläsning, som ger kalla kårar när vi vet det vi vet nu: https://youtu.be/n8Dd5aVXLCc

10. Det finns gott om berättelser om hur det gick till, en bra beskrivning på svenska är Martin Schoris artikel i Aftonbladet: https://trumpsfakenewsfabrik.story.aftonbladet.se

11. 2016 rörde snittanvändaren mobilen 2617 gånger varje dag (10% rörde sin mobil över 5400 gånger per dag), cirka 145 minuter per dag. 2020 ägnar vuxna i Sverige 3–4 timmar om dagen åt mobilen, tonåringar 4–5 timmar.

12. I regel används den forskningsbaserade femfaktorsmodellen för att beskriva personlighet som grund, men eftersom det finns tillgång till så mycket data om varje individ går det att med relativt stor träffsäkerhet även ”hitta på” egna kategorier, exempelvis Facebook erbjuder ju även färdiga paket för sådant: ”hitta liknande målgrupp”…

Råd 1: Var inte så förbannat naiv

13. Forskningen är relativt överens om att personlighet inte går att passa in i förenklade ”typer” och att den bäst beskrivs utifrån olika kriterier, ofta benämnda som OCEAN eller femfaktorsmodellen. Modellen bygger på fem faktorer som pekats ut utifrån enorma mängder data: extraversion, neuroticism, välvillighet, samvetsgrannhet och öppenhet. Alla människor har

olika mycket/lite av dessa personlighetsdrag. Vill du läsa mer om femfaktors-modellen (Big Five) rekommenderar jag ”Vem är du?” av Anna Dåderman och Petri Kajonius (Fri tanke, 2020). Den färglära som föreläsaren Thomas Eriksson sedan 2014 tjänar stora pengar på att prata och skriva om har inget vetenskapligt stöd - den är ursprungligen skapad av William Moulton Marston, mer känd för att ha skapat seriefiguren ”Wonder Woman” och tycks mest ha syftat på att han ville hitta lämpliga sexpartners.

14. Om syftet inte är att ge de bästa argumenten och övertyga utan att förvirra fungerar den logiska, rationella och naiva strategin ännu sämre. Martin Gelin och Erik Åsard sammanfattar det bra i ”Hotet mot demokratin”: *”Målet är inte att övertyga liberala väljare om att det Trump säger är korrekt utan att skapa en ovisshet kring sanningen som underminerar traditionella mediers trovärdighet.*
*Här tycks Trump, medvetet eller omedvetet, ha inspirerats av den kommunikationsstrategi som Kreml länge framgångsrikt använt. I stället för att, som i traditionellt auktoritära regimer, försöka tysta ner kritiker och censurera seriösa nyhetsmedier fyller man informationsflödet med så många sensationella skandaler, så många motstridiga fakta och en så intensiv kakofoni av lögner, påhitt, halvsanningar och kontroverser, att en stor andel av befolkningen inte längre kan skilja sant från falskt eller - desto bättre för Trump - blir så avtrubbade att de slutar bry sig. Denna strategi kulminerade förstås i den omfattande ryska påverkanskampanjen under presidentvalet 2016, där målet inte bara var att få amerikaner att stödja Trump utan att ”frånta dem förmågan att förstå vad som är verkligt”, som Masha Gessen skrev i en analys.” (*sidan 229)
Utifrån det är det begripligt vad som var syftet när Trumps talesperson Kellyanne Conway myntade begreppet ”alternativa fakta” och på det sättet kan man förstå agerandet från SD, Ryssland, Trump och andra. Detta gäller även andra partier, exempelvis i Sverige, som regelmässigt flyttar fokus från varje skandal, varje avslöjande, varje faktagransning genom att angripa budbäraren, flytta fokus till något irrelevant eller helt enkelt göra ett ännu mer provokativt utspel om något annat.

15. Inom socialpsykologin kallas detta ”det fundamentala attributionsfelet”; att vi tenderar att tolka andras beteenden som att de är på ett visst sätt som personer (interna faktorer) snarare än att se yttre faktorer (omständigheter i situationen): ”han körde för fort, alltså är han en galning bakom ratten”, trots att personen kanske är på väg till akuten med en livshotande skada – det vet du inget om.

16. Robert Sapolsky beskriver det så här i ”Varför vi beter oss som vi gör” (Natur&Kultur, 2018): *”Det vanligaste är att vi lättare förlåter någon i Vi-gruppen än någon i Dom-gruppen.”…”när Vi klantar till det beror det på särskilda omständigheter; när Dom klantar till det beror det på att Dom är klantiga.”* (sidan 369)

17. Det finns goda skäl att diskutera mer om hur intelligens spelar in i såväl beslutsfattande som i andra samhällssituationer, jag är övertygad om att intelligensens påverkan och betydelse är underskattad i en rad samhällsfrågor och problem. Men det kräver mycket mer utrymme än så här.

18. Här kan du se hur väljarströmmarna gick i valet 2014: http://pejl.svt.se/val2014/valu-riksdag/valjarstrommar/#sd2014

19. Så här beskriver SDs kommunikationschef det i en intervju som återges i ”Sverigevänner - ett reportage om det svenska nätkriget” av Jonathan Lundberg (Piratförlaget 2019): *”Det är svårt för oss att komma med en lösning på ett problem som folk inte tror är ett problem. Fram till ”öppna era hjärtan”-talet 2014 hette det ändå att vi tjänar pengar på invandringen. Många har köpt det, för man har haft en tendens att lita på tidningar. Nu gör man inte alls det på samma sätt längre. Mycket på grund av just invandringsdebatten tror jag, där det är så uppenbart att det har varit… inte helt sanningsenligt, säger han”.* (sidan 47)

20. Det kanske värsta exempel jag sett var när NAs ledarsida valde rubriken ”Välkommen till våldtäktslandet Sverige” för att komplicerat, omständligt och retoriskt tjusigt argumentera MOT SDs påståenden om hur många våldtäkter som begås i Sverige:

https://www.na.se/2017-02-26/valkommen-till-valdtaktslandet-sverige
Sverige har INTE fler sexuella övergrepp än andra länder, men vi har hårdare lagar. En rad övergrepp är inte ens olagliga i många av de jämförda länderna, medan de i Sverige är grova brott.

21. Jag nämnder inte begreppet ”filterbubblor” här eftersom det finns ett antal forskare som gjort till en viktig del av sin forskargärning att argumentera mot begreppet. I sak har de i allmänhet fel; det är väl styrkt att vi alla tenderar att se inlägg och tyckande från en ganska snäv bubbla av människor som tycker ungefär som vi och att detta präglar hur vi ser världen. För att avfärda begreppet ”filterbubblor” måste man använda sig av ett väldigt snävt akademiskt perspektiv (vilket de gör…) som egentligen handlar om huruvida upphovspersonen till begreppet ”filterbubbla”, Eli Pariser, hade rätt i sin definition (det hade han inte). Såsom begreppet används i dagligt tal finns det goda skäl att använda begreppet – oavsett vad en del forskare hävdar: dessa forskare nonchalerar nämligen i allmänhet det som har hänt på riktigt och nöjer sig med att svara på sin egen – snävt avgränsade – forskningsuppgift. En av de forskare som brukar lyftas fram i denna fråga, Annika Bergström, på Göteborgs universitet, har hävdat att människor får en allsidig bild av världen via sociala medier och att ”vi inte vet” om exempelvis Facebook påverkade Brexit-omröstningen eller presidentvalet i USA 2016, lyssna på hennes resonemang i min podd ”Hur svårt kan det vara”: https://hursv8rtkandetvara.podbean.com/e/annika-bergstrom-professor-om-medier-nyhetskonsumtion-och-bubblor/

22. Mer korrekt: ”cui est bono”. Uttrycket brukar tillskrivas den romerska politikern Cicero, men kommer ur ett tal han höll då han citerade den romerske konsuln Lucius Cassius Longinus Ravilla, som brukade använda frasen vid brottmål för att diskutera motiv bakom.

23. Oavsett allt annat så finns inget som talar för att det är en smart idé att möta känslan av utanförskap, hat mot "dem där uppe" och misstro mot "makten" med avståndstagande, fingerpekande och hårda argument.

24. Martin Gelin och Erik Åsards resonerar kring hur ekonomiska orsaker, tillsammans med ilska mot eliten, skapade en effektiv grogrund för Donald Trump i USA: *"Den ekonomiska frustrationen, den upplevda eller verkliga sociala otryggheten, är ofta en förutsättning för främlingsfientligheten. Man kan se den som ett slags gödsel som får rasismen att växa snabbare."* De citerar den brittiska skribenten Kenan Malik som skrev: *"Amerikaner har inte plötsligt blivit främlingsfientliga rasister. Snarare har verkliga politiska och ekonomiska bekymmer tagit sig en rasistisk form." (sidan 166)*
Poängen är att det är rimligt att utgå från att avsändarna av kampanjer (oavsett om de heter Trump eller Jimmie Åkesson) vet att budskapen kopplas ihop. De är ju, som sagt, inte korkade.

25. Det här används som verktyg av tyranniets stödtrupper: Ofta använder de helt enkelt motsättningen mellan människor som hävstång: de vet mycket väl vet hur det ligger till men de vet att de tjänar på att du och jag angriper dom, väl medvetna om att du och jag ändå inte hade tänkt rösta på dom. De utnyttjar helt enkelt sina väljares försök att undvika kognitiv dissonans.
Om en politisk ledare exempelvis påstår att ett utträde ur EU ska göra att landet kan satsa hundratals miljarder mer på vården granskas inte det av dem som redan från början tyckte att utträde ur EU var en bra idé. Tvärtom stärker det dem i övertygelsen. När medier sedan granskar – och avslöjar – påståendet som en bluff anpassas denna information hos många väljare i efterhand delvis till det de tyckte från början: de har ju exempelvis läst någonstans att vården ska få mer resurser om landet lämnar EU. Att det de läste egentligen var att påståendet var en bluff har försvunnit ur minnet. Därför är medias "faktagranskning" av politiska påståenden inte självklart så effektivt som man skulle önska…

26. Robert Sapolskys bok är ingen kortfattad beskrivning av detta, men den är väldigt systematisk i sin genomgång av hur vi påverkas av vår biologi - som började formas för tusentals år sedan.

27. Robert Sapolsky skriver: *"Att vara rädd för att den Dom-person som är på väg fram till oss också kommer att råna oss bygger på affekt. Men att vara rädd för att Dom kommer att ta våra jobb, manipulera våra banker, urvattna våra blodslinjer, göra våra barn homosexuella och så vidare, det kräver däremot ett framtidsorienterat tänkande som bygger på ekonomi, sociologi, statsvetenskap och pseudovetenskap. Vi och Dom-tänkande kan uppstå ur den kognitiva förmågan att generalisera, föreställa sig framtiden, sluta sig till dolda motiv och att använda språket för att få dessa tankar att gå ihop tillsammans med andra Vi-personer."... "Automatiken i Vi- och Dom-tänkandet framgår av hur snabbt amygdala och insula skapar den typen av indelningar. Hjärnans känslomässiga påverkan kommer före den medvetna medvetenheten. Eller också uppstår aldrig en medveten medvetenhet, som när det handlar om subliminala stimuli."* Sapolsky citerar David Berreby: *"Att skapa stereotyper är inte en form av lata tankar som tar en genväg. Det är inte medvetna tankar över huvudtaget."* (Sidorna 373-374)

28. "Men jag skiljer inte på 'vi' och 'dom'" kanske du hävdar. Forskningen skulle säga att du nästan helt säkert har fel: alla människor drar slutsatser om andra människor – men vi kan lära oss att inte agera på de första slutsatserna. Robert Sapolsky beskriver det så här: *"Våra hjärnor skapar Vi och Dom-grupper med förbluffande hastighet. Femtio millisekunders exponering för ett ansikte tillhörande en person med en annan hudfärg aktiverar amygdala. Dessutom aktiveras inte det fusiforma ansiktsområdet lika mycket när vi ser ansikten med samma hudfärg som vi själva har. Och det sker alltså inom loppet av några hundra millisekunder. Hjärnan grupperar också ansikten efter kön eller social status med ungefär samma hastighet."* (Sidan 361)

29. Robert Sapolsky konstaterar svårigheten med att hitta hur längd avgörs så här: *"Hundratals genetiska varianter var inblandade i regleringen av längd."... "Den enskilda identifierade genvariant som starkast förutspådde längd förklarade 0,4 procent – fyra tiondelar av en procent – av variationen i längd. Och alla de hundratals varianterna förklarade totalt bara 10 procent av variationen."* (Sidan 254)

30. Varianten i hjärnan handlar (enligt Robert Sapolsky, jag förstår inte ett dugg av det här) om genen som påverkar dopamin i hjärnan som tydligen har 25 mänskliga varianter, varav 4R är den vanligaste och finns hos omkring hälften av östasiaterna och amerikanerna av europeisk härkomst. 7R-varianten är mindre mottaglig för dopamin i hjärnbarken, vilket är associerat med nyhetssökande, extraversion och impulsivitet. Denna variant finns alltså hos ungefär var fjärde europé och amerikan med europeisk härkomst. Sapolsky citerar forskaren Kenneth Kidd vid Yale som studerat fördelningen av 7R och där kopplingen till upptäckande och migration syns tydligt i tabellerna. Men återigen: detta är alltså stora grupper – för varje individ går det inte att säkert förutspå förekomsten i hjärnan eller ens beteende endast på grund av grupptillhörighet eller historia.

31. Robert Sapolsky citerar en artikel i Science från 2014, där en undersökning gjordes mellan det individuella jordbruket i de delar av norra Kina där det är svårt att odla ris, och övriga delar av Kina där risodling dominerar. I den nordkinesiska regionen var resultaten mer likna västerländska värderingar i fråga om individualistisk kontra kollektivistisk kultur. Intressant nog hade den nordkinesiska regionen dessutom högre värden vad gäller skilsmässor och uppfinningsrikedom (räknat i patentansökningar). (Sidan 267)

32. Robert Sapolsky beskriver skillnaden mellan hur människor i individuella och kollektiva kulturer uppfattar världen så här: *"Om försökspersoner får se en bild av ett föremål mot en komplex bakgrund tar det bara några sekunder innan människor från kollektiva kulturer (till*

exempel Kina) tittar mer på och bättre minns den omgivande "kontextuella" informationen, medan personer från individualistiska kulturer (till exempel USA) gör detsamma fast med föremålet i fokus. Om försökspersonerna instrueras att fokusera på det område som inte uppmärksammas i deras kultur kommer pannlobsbarken att aktiveras - det är alltså en svår perceptionsuppgift. Kulturen formar alltså bokstavligen hur vi ser på världen och var vi tittar." (Sidan 102)

33. Forskningen om intelligens pekar på att kvinnor och män i genomsnitt är lika intelligenta, men att män är överrepresenterade i bägge ändar på skalan: över- och underbegåvade. Självklart finns många möjliga invändningar mot slutsatsen: mätmetoder, olika underlag och så vidare. När man jämför prestationer i matematik visar det sig att det inte är någon mätbar skillnad mellan flickor och pojkar i mattekunskaper i de mest jämställda länderna (= Skandinavien) medan skillnaderna är tydliga i mindre jämställda länder. Robert Sapolsky, som redogör för forskningen i sin bok (sidan 257-258) konstaterar: *"Den andra märkbara könsskillnaden i fråga om kognition, nämligen att flickor läser bättre än pojkar, försvinner inte i mer jämställda samhällen. Den blir större."*

34. Detta handlar, enligt forskarna, om huruvida amygdala aktiveras eller inte. Amygdala är den del av hjärnan som spelar störst roll vid känslor, såväl positiva som negativa: om vi ser en orm är det exempelvis amygdala som får oss att reagera på faran utan att först tänka igenom situationen.

35. Symboler eller markörer kan helt enkelt bära betydelsen istället för det som symbolen betecknar, grupptillhörigheten kan skapas godtyckligt men sedan kopplas till meningsfulla skillnader i värderingar. Den godtyckliga signalen kan sedan leda till en belöning i hjärnan (i det mesolimbiska dopaminsystemet). Detta kan självklart användas både i goda och onda syften. Robert Sapolsky beskriver det utförligt på sidorna 364-365.

Råd 3: Slösa inte tid på idioter

36. Micael Dahlen i SVD 220531, "då är vår sociala medier-intelligens som lägst": https://www.svd.se/a/Jx99Lb/micael-dahlen-testa-din-sociala-medier-intelligens

37. Ska man göra en högstämd princip av det så är det helt enkelt valet mellan en strikt principiell utilitarism eller en humanistisk liberalism som utgångspunkt. I just detta fall tenderar jag - numera... - dra mot det förra. Det skulle kunna bero på att jag är äldre - och har färre år kvar i livet - som jag är mindre benägen att slösa tid på folk som uppenbart är idioter och inte intresserade av att lyssna på andra. Men det beror nog mest på att jag tidigare i mitt liv - som folkvald politiker - kände en plikt att lyssna tålmodigt även på dem som inte var intresserade av varken invändningar eller av fakta.

38. Martin Forster, psykolog och forskare i psykologi, svarade på en läsarfråga i Dagens Nyheter i juni 2020 och gav råd om hur man kan hantera en vän som tror på konspirationsteorier: https://www.dn.se/insidan/hur-hjalper-jag-nagon-som-tror-pa-konspirationer/
På Martin Forsters hemsida finns länkar och mer information: www.forster.se/referenserjuni

39. Jodå, det finns människor som argumenterar för att rymdödlor försöker ta över jorden. Kanske har de sett för mycket på 80-talets tv-serie "V", men oavsett tror de att makthavare i såväl USA, Sverige som i andra länder egentligen är rymdödlor. Om det inte fick så allvarliga konsekvenser kunde man ju skratta åt det. Kent Werne har i sina två böcker om konspirationsteorier noggrant gått igenom både konspirationsteorierna, människorna som tror på dem och var de kommer ifrån.

Råd 4: Lär dig räkna

40. Det finns mängder av forskning och bevis för att vi tenderar omge oss med människor som är som oss. Ett häpnadsväckande exempel kommer från Nicholas Christakis, socionom och läkare, som forskat mycket om sociala nätverk och "nätverkssmitta" och hur vi påverkar varandra genom vänners vänner. Han har visat att överviktiga tenderar umgås med andra överviktiga, och det märkligaste är att om någon ur nätverket exempelvis dör tenderar den ersättas av en annan överviktig. Det är också så att vi blir gladare om vännernas vänner är gladare. Hur det går till vågar jag inte ens gissa... https://web.archive.org/web/20151118100405/http://nicholaschristakis.net/wp-content/uploads/2015/03/078-Spread-of-Obesity-in-a-Large-Social-Network-Over-32-Years.pdf

41. Robert Sapolsky skriver mycket om "grönt skägg-effekten". Med det avses att om art (som exempelvis människan) skulle ha en gen som kodar för att odla grönt skägg och att samarbeta med andra som har grönt skägg så kommer de som har grönt skägg att gynnas när de blandas med individer utan grönt skägg: *"Det viktiga med oss människor är att vi definierar grönt skägg-drag på olika sätt. En snäv definition kallas trångsynthet. Om det innebär en fientlig inställning till dem utan grönt skägg blir det främlingsfientlighet. Men om grönt skägg-draget definieras som att vara människa är det en beskrivning av en djupt humanistisk hållning."* (Sapolsky, sidan 323)

Råd 5: Engagera dig lagom mycket

42. Micael Dahlen i SVD 220531, "Då är vår sociala medier-intelligens som lägst": https://www.svd.se/a/Jx99Lb/micael-dahlen-testa-din-sociala-medier-intelligens

43. Robert Sapolsky skriver så här: *"Pannlobsbarken är det senast utvecklade hjärnområdet och nådde sin fulla blomning först när primaterna*

uppkom - en oproportionerligt stor andel av de gener som är unika för primater är aktiva i pannlobsbarken. Mönstren för dessa genuttryck är dessutom högst individuella. Pannlobsbarkens individuella variationer är alltså större än de genomsnittliga skillnaderna mellan människans hela hjärna och schimpansens hela hjärna." (Sapolsky, sidan 53)

44. Micael Dahlen i SVD 220531, "Då är vår sociala medier-intelligens som lägst"

45. Robert Sapolsky citerar Elizabeth Phelps studier om "rädslobetingning", som sker snabbare om ansiktet har en annan hudfärg: *"Amygdala är beredd att lära sig att associera något dåligt med Dom. Människor anser dessutom att neutrala ansikten med annan hudfärg är argare än neutrala ansikten med samma hudfärg som dem själva."* Det är dessutom så att ju mer rasistisk någon visar sig vara i ett värderingstest, desto större blir aktiveringen. (Sapolsky, sidan 90)

46. Daniel Kahneman, "Tänka, snabbt och långsamt", Volante, 2017 (sidan 469)

47. Martin Gelin & Karin Pettersson, "Internet är trasigt", Natur & Kultur, 2019

Råd 6: Dela med dig av det goda (och engagera dig!)

48. Exempelvis konstaterar svenska forskare som deltagit i en stor internationell studie (6000 människor i 24 länder) om attityder till klimatet och klimatförändring, att det mest effektiva är att koppla ihop nödvändiga åtgärder med en positiv samhällsutveckling i övrigt: motivationen att leva klimatsmart ökar om man lyfter fram fördelarna med ett klimatvänligt samhälle, istället för att fokusera på negativa effekter av klimatförändringar. Detta stämmer väl med övrig forskning om hur engagemang skapas. Läs en kort artikel här: https://www.gu.se/nyheter/faror-och-hot-motiverar-inte-till-klimatvanlig-utveckling

Dessutom är "doom scrolling" och eländestänkande dåligt för din mentala hälsa!: https://www.wired.com/story/stop-doomscrolling/

49. I de återkommande världsomspännande undersökningar i World Value Survey sticker Sverige (tillsammans med de nordiska länderna) ut i de flesta frågor som rör tolerans, oavsett om det gäller sexuell läggning, etnicitet eller liknande. Här finns undersökningen (där man kan se resultaten i länderna): https://www.worldvaluessurvey.org/WVSOnline.jsp
Här finns en intervju med Bi Puranen, forskare och generalsekreterare för World Values Survey: https://www.svt.se/nyheter/lokalt/vast/forskare-sverige-ar-ratt-avvikande-i-vara-varderingar

50. Levande historia har tagit fram en bra skrift om tolerans, "Tolerans ur ett jämförande perspektiv" av Susanne Wallman Lundåsen. Utvecklingen när det gäller motvilja mot att ha en homosexuell som granne återfinns på sidan 17: https://www.levandehistoria.se/sites/default/files/material_file/tolerans_ur_ett_jamforande_perspektiv.pdf

51. Henrik Ekengren Oscarsson utvecklar ämnet på sin blogg: https://politologerna.wordpress.com/2016/08/01/storsta-opinionsforskjutningen-efter-millenieskiftet-attityder-till-hbt/

52. Instagramkontot "Det rycker i baguetten" är ett praktexempel på denna typ av opinionsbildning, som gör mer skada än nytta när personen blandar påhittade påståenden med verkliga övergrepp. I sin iver att driva frågan om jämställdhet och kvinnors rätt till frid och frihet ger kontot en bild av att inget hänt och att ingen agerar mot exempelvis mäns våld mot kvinnor. Att kvinnor misshandlas och mördas av sin partner (eller expartner) är ett enormt problem men förändrar inte det faktum att de flesta – män och kvinnor – i Sverige vill göra mer mot mäns våld mot kvinnor. Den viljan skulle man kunna mobilisera bättre.

53. Förutom tidigare hänvisning till forskning i ämnet (not 46) så har Maria Ojala, docent i psykologi vid Örebro universitet forskat om miljöengagemang och hur man skapar engagemang i frågan (särskilt bland unga). Här finns hennes forskning: https://www.researchgate.net/profile/Maria-Ojala
Och här finns en intervju med Maria Ojala: https://www.skogsindustrierna.se/bioekonomi/det-har-ar-bioekonomi/portratt-och-kronikor/maria-ojala-vandan-som-kan-vandas/

LITTERATURLISTA

Robert B. Cialdini, ”Påverkan – teori och praktik”, Liber, 2016

Martin Gelin och Karin Pettersson, ”Internet är trasigt – Silicon valley och demokratins kris”, Natur&Kultur, 2019

Martin Gelin och Erik Åsard, ”Hotet mot demokratin”, Historiska media, 2019

Thomas Gilovich & Lee Ross, ”The wisest one in the room (Think Clearly. Make better decisions. Influence people.)”, Oneworld, 2017

Daniel Kahneman, ”Tänka, snabbt och långsamt”, Volante, 2017

Petri Kajonius, Anna Dåderman, ”Vem är du? Den moderna forskningen om Big Five”, Fri tanke, 2020

Torkel Klingberg, ”Den översvämmade hjärnan – en bok om arbetsminne, IQ och den stigande informationsfloden”, Natur&Kultur, 2015

Jaron Lanier, ”Tio skäl att genast radera dina sociala medier”, Mondial, 2018

Jonathan Lundberg, ”Sverigevänner - ett reportage om det svenska nätkriget”, Piratförlaget, 2019

Jonathan Lundberg, ”Från världskrig till nätkrig: Hundra år som formade internet”, Piratförlaget, 2021

Carl Melin & Markus Uvell, ”Innerst inne – vad svenska folket egentligen tycker”, Timbro, 2014

Sissela Nutley, Distraherad – hjärnan, skärmen och krafterna bakom, Natur&Kultur, 2019

Hans Rosling med Anna Rosling Rönnlund och Ola Rosling, "Factfulness. Tio knep som hjälper dig att förstå världen.", Natur&Kultur, 2019

Robert Sapolsky, "Varför vi beter oss som vi gör - Biologin bakom människans bästa och sämsta sidor", Natur & Kultur, 2018

Timothy Snyder, "Om tyranni", Albert Bonniers förlag, 2019

Björn Sundin, "När alla blev experter", Vulkan, 2021

Kent Werne, "Allt är en konspiration - en resa genom underlandet", Ordfront, 2018

Kent Werne, "Konspirationsfeber", Ordfront, 2021

Drew Westen, "The political brain – The role of emotion in deciding the fate of the nation", Public affairs, 2008

Åsa Wikforss, "Alternativa fakta – om kunskapen och dess fiender", Fri tanke, 2019